山东省社科规划研究项目：《中韩反腐长效机制建设比较研究》，批准号：17CFXJ14

实用法律基础理论探究

闫朝东◎著

中国商业出版社

图书在版编目（CIP）数据

实用法律基础理论探究 / 闫朝东著 . -- 北京 : 中国商业出版社 , 2023.12

ISBN 978-7-5208-2701-0

Ⅰ . ①实… Ⅱ . ①闫… Ⅲ . ①法的理论 – 研究 Ⅳ . ① D90

中国国家版本馆 CIP 数据核字（2023）第 214948 号

中国商业出版社出版发行

（www.zgsycb.com　100053　北京广安门内报国寺 1 号）

总编室：010-63180647　编辑室：010-83128926

发行部：010-83120835/8286

新华书店经销

北京亚吉飞数码科技有限公司印刷

*

710 毫米 ×1000 毫米　16 开　11.75 印张　186 千字

2024 年 4 月第 1 版　2024 年 4 月第 1 次印刷

定价：82.00 元

* * * *

（如有印装质量问题可更换）

前　言

法律的基本内容反映着我国社会发展的客观要求，是人们现实生活中的行为准则。正确理解并谙熟现行法律，对加强社会主义法制，维护公民、法人和其他非法人组织的合法权益，都有重大的现实意义。随着我国社会主义市场经济法律体系的逐步形成，法律与市场经济休戚相关、息息相通。我们学习法律基础知识，必须坚持理论联系实际的原则和方法。只有将所学知识与改革实践结合起来并融入经济建设和社会发展中去，有针对性地解决社会实践尤其是经济建设中的实际问题，法律的价值才能得到最大限度的体现。通过对法律基础知识的学习，能够培养良好的法律意识，增强自己的法律观念，做一个合格的守法公民。鉴于此背景，作者在参阅相关著作文献的基础上，精心策划并撰写了本书。

本书共有六章。第一章作为全书开篇，首先介绍了法的一般原理，如法的结构与法的运行、法的制定与法律责任、法与其他社会现象的关系。第二章至第四章主要针对民事法律知识、行政法律知识、刑事法律知识进行了全方位的分析与研究，第二章的内容主要介绍民法典的出台及意义、公民的民事权益、婚姻家庭关系、财产的继承。第三章重点针对行政与行政法、行政主体与行政行为、行政程序与行政赔偿、行政复议与行政补偿方面的内容进行了探讨。第四章涉及刑法的原则与任务、犯罪的特征与构成、刑罚的体系与种类、正当防卫与防卫过当、贪污贿赂罪的概念以及防治体系。第五章与第六章主要探讨了经济法律知识、诉讼与仲裁法律知识。

本书积极吸收与借鉴国内法律的最新研究成果，并结合社会实践对相关法律知识进行分析，将理论知识与实务案例有机结合，不仅可以开阔读者视野，而且可以提高读者的法律理论水平和从事法律实务的能力。

在撰写本书的过程中，作者参考了相关专家、学者的著作、论文，从中获得了许多有益的成果、见解，在此向有关专家致以诚挚的谢意。由于作者水平有限，书中的不妥之处，敬请同行专家、学者和广大读者批评指正。

作　者

2023年7月

目 录

第一章

法的一般原理

人类最初的法律脱胎于原始氏族规范，因而法律与原始规范有着流与源的联系。不同地区、不同民族、不同国家的法律产生过程虽然都有自己的文化特性，但又具有一些共同的规律。比如跟随生产力发展进程渐变的规律；与国家同步产生的规律；与宗教、道德从融合到分化的规律。法律的产生经历了由习惯到习惯法再到成文法的漫长过程。

第一节　法的结构与法的运行

一、法的结构

我国法律体系是在宪法统领之下建立的，宪法具有至高无上的地位，是根本大法，是一切法律的母法。

宪法规定国家的根本制度、国家生活的基本原则，宪法除规定社会制度和国家制度的基本原则外，还规定国家政权机关组织和确认公民基本权利和义务，宪法是一切组织和个人的根本活动准则。

行政法是调整国家行政管理活动中产生的社会关系的法律规范的总称。它包括行政组织法、公务员法、立法法、行政许可法、行政处罚法、行政复议法。由于行政法调整对象极为广泛，所以很难形成系统单一的行政法典。前述除专门行政法外均为一般行政法。专门行政法是指规定各专门行政职能部门管理活动的法律和法规。

刑法是规定犯罪、刑事责任和刑事处罚的法律规范的总称。刑法所调整的是因犯罪而产生的社会关系。它是在个人或单位的行为严重危害社会、触犯刑事法律的情况下，给予刑事处罚。刑法执行着保护社会和保护人民的功能，承担惩治各种刑事犯罪，维护社会正常秩序，保护国家利益、集体利益以及公民各项合法权利的重要任务。

民法商法是规范社会民事和商事活动的基础性法律。我国采取的是民商合一的立法模式。民法是调整平等主体的自然人之间、法人之间、自然人和法人之间的财产关系和人身关系的法律规范的总称。民法是市场经济的基本法律。它包括自然人制度、法人制度、代理制度、时效制度、物权制度、债权制度、知识产权制度、人身权制度、亲属和继承制度等。商法调整的是自然人、法人之间的商事关系，主要包括公司、破产、证券、期货、保险、票据、海商等方面的法律。

经济法是调整国家宏观经济调控活动中形成的经济关系的法律规范的总称。经济法包括公司法、外商投资企业法、合伙企业法、个人投资法、房地产法、反垄断法、反不正当竞争法、产品质量法、会计法、审计法、消费者权益保护法等法律。经济法属于国内法的体系,但它不同于国内法体系中的其他法的部门。

社会保障法是调整劳动关系,以及社会保障与社会福利关系的法律规范的总称。它主要包括劳动关系法、劳动保障法、社会福利法、工会法等。

诉讼与非诉讼程序法是调整因诉讼活动和非诉讼活动而产生的社会关系的法律规范的总称。它包括民事诉讼、刑事诉讼、行政诉讼和仲裁等方面的法律。这方面的法律不仅是实体法的实现形式,而且也是人民权利实现的最重要保障,其目的在于通过程序公正保证实体法的公正实施。

二、法的运行

法律有效力不等于有实效。法律没有实施或实施得不理想,也就没有实效。法律实施也称法律的运行,是指法律在社会生活中的贯彻,包括执法、司法、守法和法律监督。这四个环节缺一不可,在实行社会主义法治的过程中都具有重要意义。法律制定之后,如果没有去实施,或者不能很好地加以实施,那么,法律制定得再多、再好,也都没有意义。

(1)执法。执法是指国家行政机关(即政府及其职能部门)执行法律的活动。行政机关作为行政管理权的实施主体,它实施社会管理的过程也就是执行法律的过程。

(2)司法。司法是指国家司法机关适用法律的专门活动。在我国主要是指人民法院和人民检察院适用法律的活动。

(3)守法。守法是指一切社会主体遵守法律,包括一切国家机关、政党、武装力量、社会团体和个人都平等地遵守法律。

(4)法律监督。法律监督是指有关国家机关、社会力量、公民等对法律的实施情况依法所进行的审查、督促、纠正等一系列监督活动。通常分为两类,一是法定性监督,如人民代表大会对法律实施进行最高性质的立法监督,检察院对法律实施进行专门监督,上级法院对下级法院审判工作进行审判监督,公民监督;二是社会性监督,如执政党的监督、人民政协的监督、新闻舆论的监督等。

法律实施的每一个环节都涉及依法办事的问题。依法办事是指既定的法律规则无论在何种情况下都不折不扣地被遵照执行，它是法律实施的核心问题，表现为尊重法律权威、严格地执行和遵守法律。

第二节 法的制定与法律责任

一、法的制定

法律的制定，简称立法，是指有关国家机关依据宪法与法律规定的职权和程序，从事制定、修改和废除法律的专门活动，法律的制定是实行依法治国方略的前提。法治国家要求法律必须是经过民主的程序制定的，没有法定的、民主的立法程序，也就无以体现人民意志。

（一）法律制定的程序

法律的制定程序大致分为四个阶段，即法律议案的提出、法律草案的审议、法律草案的表决和法律公布。

（1）法律议案的提出。法律议案是指有立法提案权的组织或代表，向特定的法律制定机关提出制定、修改或废除法律的建议。法律议案是议案的一种，不同于财政预算议案、质询议案等。

（2）法律草案的审议。这是指法律制定机关对已列入议事议程的法律草案进行具有法律意义的审查与讨论。这一阶段是立法民主化的重要体现，要充分反映民意，就必须保证制定机关的成员充分发表意见，这在法律制定程序中具有实质性的意义。

（3）法律草案的表决。这是指享有表决权的制定机关成员（如人大代表）对法律草案表示最终的态度。它是整个法律制定程序中最重要的阶段。

（4）法律公布。法律必须对全社会公开，没有公布，也就无从告知民众要求遵守，所以这是法律制定过程中不可缺少的阶段。

（二）法律效力

法律效力是指规范性法律文件的生效范围，即对人的效力、对空间的效力以及对时间的效力。

（1）对人的效力，是指法律适用于哪些自然人和组织。中国法律对此有两方面规定，一是适用于中国公民和中国组织。中国组织包括中国各国家机关、各政党、企事业组织、社会团体等。二是对外国人的适用，即在中国境内的外国人和特定情况下的我国境外的外国人。

（2）对空间的效力，是指法律在哪些地域范围内生效。法律的空间效力是根据法律的制定主体不同来区分的。一般来讲有三种情况：一是全国性法律，它适用于国家主权全部范围；二是地区性法规，适用于特定区域，如地方性法规、自治条例只适用于特定区域。三是特殊情况下，某些法律不但在境内有效，还在本国境外有效，如刑法规定的伪造国家货币罪、泄露国家机密罪等条款，适用于我国境外。

（3）对时间的效力，是指法律何时生效、何时终止生效以及法律对其颁布实施之间的事件和行为是否具有溯及力的问题。何时生效和终止生效问题需根据法律的具体规定或实际情况来确定。中国对法律溯及力问题的规定，一般采取“从旧兼从轻”原则。

二、法律责任

（一）法律责任的定义

就法律责任而言，既然法律责任具有多个不同的本质，那么就可以采用逻辑上通用的种差加属概念定义的方法对之作出多种定义。例如，我们可以说，法律责任就是具有法律性的责任；法律责任就是根据法律程序承担的责任；法律责任就是应当承担法律评价的责任；法律责任就是法律要求的因违法行为或违反法律义务行为应当承担的责任，或者就是法律要求的因侵犯法律权利行为应当承担的责任；法律责任就是应当承担的具有法律性的结果；法律责任就是应当承担的具有法律性的否定性评价或谴责；法律责任就是应当承担否定性法律评价的派生性义务；法律责任就是应当承担否定性法律评价的派生性法律负担，或者就是法律要求的应当承担否定性刑事评价的派生性负担；等等。

（二）法律责任的分类

1. 原生法律责任与派生法律责任

原生法律责任与派生法律责任是根据法律责任相互间的派生关系对法律责任的分类。

所谓原生法律责任，是指先于且不依赖于其他法律责任的存在而存在的法律责任。在中外法律理论与实践中，原生的法律责任极为常见。例如，放火的法律责任、故意杀人的法律责任、盗窃的法律责任、偷税的法律责任、玩忽职守的法律责任等，一般都是原生的法律责任。

所谓派生法律责任，是指依赖于其他法律责任的存在而存在的法律责任。例如，在刑法中，脱逃的法律责任，组织越狱的法律责任，聚众持械劫狱的法律责任，徇私枉法的法律责任，私放在押人员的法律责任，徇私舞弊减刑、假释、暂予监外执行的法律责任等，一般都是派生的法律责任。

2. 国际法律责任与国内法律责任

国际法律责任与国内法律责任是根据法律规范的地域范围对法律责任的分类。

所谓国际法律责任，也可称作国际法上的法律责任，是指由国际法律规定表述的国际法律规范所涉及的法律责任，如有关国际法律规范所涉及的灭绝种族的法律责任、侵略的法律责任、劫机的法律责任、海盗的法律责任等即是国际法律责任。

所谓国内法律责任，也可称作国内法上的法律责任，是指由国内法律规定表述的国内刑法规范所涉及的法律责任。具体又可分为本国法律责任与他国法律责任。本国法律责任是为本国法律规范所涉及的国内法律责任，在我国，如盗窃的法律责任、偷税的法律责任等即属于本国法律责任。他国法律责任是为本国以外的其他国家及外国法律规范所涉及的国内法律责任。对于我国而言，德国、日本、意大利、法国、英国、美国等国法律规范所涉及的法律责任就是他国法律责任。

3. 原则性法律责任与规则性法律责任

原则性法律责任与规则性法律责任是根据法律责任之表述形式即法律规定的概括性对法律责任的分类。

所谓原则性法律责任，也可称为抽象性法律责任，是指作为其表述形式之法律规定的概括性强的法律责任。由于其可操作性较差，因此通常不能单独适用于具体案件。

所谓规则性法律责任，也可称为具体性法律责任，是指作为其表述形式之法律规定的概括性弱的法律责任。

（三）法律责任的内容

法律责任的内容就是法律责任作为一个有机整体在结构上的各个组成部分。出于法律责任实质上就应当承担法律评价或谴责，而法律评价或谴责就是由司法机关对侵犯法律权利或违反法律义务的行为进行认定违法与裁量或者执行法律处分，因此，法律责任的内容包括被认定违法与被裁量或者执行法律处分两个方面。

1. 被认定违法

一般而言，被认定违法是相对于认定违法而言的，而认定违法是以对违法的认识为前提的。因此，要科学地认识被认定违法，就有必要先科学地认识认定违法，尤其是要科学认识违法。那么，违法究竟是什么呢？对此，中外法学理论大都有涉及，甚至不乏专门研究。但是，有关认识不尽一致，概括而言，主要有制裁说与违反说两种观点。制裁说认为，违法是法律将之规定为制裁的条件或者法律对之规定了作为后果的制裁行为。违反说认为，违法是有关违反法律或者违反法律规定、法律要求或法律规范的内容要求的行为。由于具体认识不同，违反说又可进一步分为违反法律说、违反法律要求说、违反法律规范说与违反法律规定说等几种不同见解。

2. 被裁量或者执行法律处分

一般来说，与被认定违法是相对于认定违法而言的一样，也可以认为，被裁量或者执行法律处分是相对于裁量或者执行法律处分而言的。

由于裁量或者执行法律处分以对处分的认识为前提,因此只有先科学地认识裁量或者执行法律处分,才能科学地认识被裁量或者执行法律处分,尤其是要先科学地认识法律处分。所谓法律处分,是指法律责任追究主体依法强制法律责任承担主体因违法而履行特定法律义务的法律责任承担形式。

所谓裁量或者执行法律处分,是指法律责任追究主体依法裁量对法律责任承担主体适用法律处分的种类、幅度与执行方式,以及对法律责任承担主体适用法律处分的种类、幅度与执行方式的法律行为。相应地,所谓被裁量或者执行法律处分,是指法律责任承担主体依法承担法律责任,而追究主体依法裁量对其适用法律处分的种类、幅度与执行方式,以及对其适用法律处分的种类、幅度与执行方式的法律行为。它主要包括两个方面。

其一,被裁量法律处分,即法律责任承担主体依法承担法律责任追究主体依法裁量对其适用法律处分的种类、幅度与执行方式。

其二,被执行法律处分,即法律责任承担主体依法承担法律责任追究主体,依法对其适用法律处分的种类、幅度与执行方式。

第三节　法与其他社会现象的关系

一、法与经济

法是上层建筑的一个组成部分,它是由经济基础决定又为经济基础服务的。马克思认为,无论是政治的立法或市民的立法,都只是表明和记载经济关系的要求而已。统治阶级意志是由物质利益决定的,而有什么样的物质利益要求则是由统治阶级在生产关系中的地位决定的。归根结底,一定社会的法律内容是由一定社会的生产关系决定的。剥削阶级类型的法反映剥削阶级的生产关系,保护私有制,保护剥削制度。社会主义类型的法反映社会主义的生产关系,保护生产资料公有制,反对剥削制度。法随着经济基础的变化而发生变化,一旦旧的经济基础被摧毁,反映旧经济基础的法也就随之消失,代之而起的是反映新关系的新法律。就是在同一经济基础的不同发展阶段，法也随着经济的变化而发生变化。法是由经济基础决定的，同时又能动地反作用于经济基础。这种作用主要表现在：消灭旧的经济制度，摧毁旧的经济基础；确认、保护新的经济制度；镇压敌对阶级的反抗，维护新的社会关系和社会秩序。对于生产力来说，当一种社会形态处于上升时期，法律对生产力的发展就起着积极的促进作用；而在一种社会形态处于衰退时，它对生产力又起着阻碍、破坏的作用。法对生产力的作用是通过生产关系这个中介来实现的，是通过调整社会关系来促进或阻碍生产力的发展。

二、法与政治

政治是经济的集中表现，是指阶级关系和阶级斗争。它包括本阶级内部的组织关系，友好阶级之间的合作关系以及敌对阶级之间的斗争等三个方面。

其一，法与政治的关系。法与政治的关系主要表现在，一方面，法反映政治，并以统治阶级的政治要求为直接内容；另一方面，法为统治阶级的政治服务，实现统治阶级的政治要求。

任何国家的法都具有政治的属性。剥削阶级的法反映和服务于剥削阶级的政治；社会主义的法反映和服务于无产阶级的政治。

其二，法与政策的关系。法与政治的关系，集中地体现在法与政策的关系中。所谓政策，就是一定的阶级或政党在一定的历史时期，为了达到一定的目的，根据自己的经济利益和政治路线所制定的实际准则。

其三，法与统治阶级政策，既有联系又有区别。所谓联系，是指统治阶级的政策是制定法律的依据，也是法律的直接内容；法律是统治阶级政策的条文化、定型化，是实现统治阶级政策的重要工具。所谓区别，是指法律与政策所调整的范围不同；制定的机关不同；表现的形式不同；执行的方式不同；稳定的程度不同。

三、法与国家

法与国家都是上层建筑的重要组成部分，都是阶级统治的工具，共同担负着阶级统治的任务。国家和法两者密不可分，国家离不开法，法也离不开国家。国家是实行阶级统治的实体，即实行阶级统治的组织。

法律是国家活动的准则，国家依据法律这个准则进行活动。

国家就像一部机器，是沿着法律的轨道进行运转的，没有法律，国家机器就不能正常运转。所以，法既是组织政权、建立国家机构的有效手段，又是行使国家权力的工具。当然，法也离不开国家。首先，法是由国家制定或认可的，没有国家也就没有法，国家是法存在的前提；其次，法是依靠国家的强制力保证实施的，没有国家，再好的法律也是一纸空文。

四、法与道德

法与统治阶级道德都是统治阶级意志的体现，都是由经济基础决定的，都是为维护有利于统治阶级的社会关系和社会秩序服务的。这一本质决定了法与统治阶级道德的关系，只能是相互促进、相互配合、相互补充、相互渗透的关系。法保护、传播和发展统治阶级的道德；统治阶级的道德用社会舆论和信念的力量，约束人们的思想和行为，使人们遵守法律。但是，法与道德又有明显的区别。

第一，法与道德产生和存在的时间不同。法是阶级社会的产物，而道德则是自从有了人类社会就出现了。将来到了共产主义社会，国家与法都消亡了，道德将继续存在。

第二，调整的范围不同。法要解决的是合法与违法、罪与非罪的问题，道德则是解决是与非的问题。道德给人们提供行为的标准和方向，是评定人们行为的善与恶、正当与不正当、光荣与耻辱的尺度。因此，它所调整的范围要比法所调整的范围广泛得多。

第三，法与道德的实施方法不同。法是依靠国家的强制力保证实施的，道德则是靠社会舆论和信念的力量来约束人们的思想和行为。

第四，法和道德的表现形式不同。法是经过国家制定或认可的规范性文件，道德规范则主要存在于人们的观念、习惯之中。

第五，在每个社会形态中，只能有一种法律体系。道德则不同，与统治阶级的道德并存的还有被统治阶级的道德，各个阶级都有自己的道德观念。

第二章

民事法律知识

经过多年的改革，我国社会经济生活发生了翻天覆地的变化。总结人类历史的经验，我们有理由认为，改革的成功取决于法治条件的成熟，市场经济的健康发展依赖于法治的力行。所以，市场经济内在的、本质的要求是实行法治，建立和健全适应社会主义市场经济发展需要的法律体系，特别是规范市场主体、市场行为、市场秩序等方面的法律，这正是民法义不容辞的任务。民法是规范市场经济的基本法，法学家们早已证明，由于以市场关系为内容的民法是法治的真正法律基础，所以中国步入法治社会的途径之一是民法的完备和实行。

第一节　民法典的出台及意义

一、民法典编撰以及实施的意义

2019年12月28日，第十三届全国人大常委会第十五次会议表决通过了全国人大常委会关于提请审议民法典草案的议案，决定将民法典草案提请十三届全国人大三次会议审议。2020年5月21日，第十三届全国人民代表大会第三次会议通过了《中华人民共和国民法典(草案)》的议案。2020年5月28日，第十三届全国人民代表大会第三次会议表决通过了《中华人民共和国民法典》，自2021年1月1日起施行。

《中华人民共和国民法典》共有7编，1260条，包括了总则、物权、合同、人格权、婚姻家庭、继承和侵权责任。其中人格权独立成编，是本次民法典编纂的一个重大创新。

民法典是新中国成立以来第一部以法典命名的法律，开创了我国法律编纂立法的先河。民法典在中国特色社会主义法律体系中具有重要地位，是一部固根本、稳预期、利长远的基础性法律。第一，对推进全面依法治国、加快建设社会主义法治国家具有重大意义，这是从法治意义角度进行的一个确定。这部民法典整合了新中国70多年来长期实践形成的民事法律规范，汲取了中华民族5000多年优秀法律文化，借鉴了人类法治文明建设的有益成果，为我们依法治国奠定了社会基础。

第二，民法典代表了我国市场经济的成熟程度，民法典作为市场经济中的一个基本法，可以说是市场经济成熟程度的一个晴雨表、风向标，一个发达完善的市场经济背后，一定有一部完善发达的民法体系做后盾，而完善发达的民法体系也一定会助推市场经济的成熟繁荣和健康可持续性发展。这部民法典的成功就代表着我国市场经济的成熟程度，尤其是这部民法典秉承了一贯的民商合一，把所有的商事规则融入民事法律规定之中，有利于完善推进市场经济的健康发展，也有利于对市场秩序和安全进行有力的调控，同时也有利于营造一个公平的竞争环境，让所有的市场参与者都能够平等使用资源，同等地受到法律的保护，也由此有助于经济高质量地向前发展。所以从总体看，民法典对于发展我国社会主义市场经济、巩固社会主义基本经济制度具有了一个积淀性的作用。

二、从优化营商环境措施中论民法典实施的意义

民法典的颁布，是我国近年来法治工作取得的重要成就。民法典所涉及的领域与普通大众的生活息息相关，其颁布也引发了社会各界的广泛讨论，法典中的条款关系着人们日常生活的方方面面。像有关于电子合同订立、物业管理责任、网络虚拟财产权等方面规定的变化，更是在社交平台上引发了大众的激烈讨论。民法典的颁布，让公民的权利意识得到了进一步的增强，也使得公民权利的保护得到了进一步的规范化与明确，与此同时，各种配套制度也需要加紧完善。目前，我们要注意到我国目前市场经济发展还有很多可以提升的地方。而为了进一步深化改革，进一步激发市场活力，近年来，各方都在为优化营商环境而努力，在出台的一系列举措中，我们都可发现民法典的踪迹，可以说民法典对优化营商环境具有重要意义。

（一）民法典的实施与优化营商环境之间的关系

我国民法典的一大特点就是涉及领域范围广，其中还有很多条款涉及商事领域，这让我国的民法典具有一定程度的商事性，也就注定了民法典的颁布与实施对营商环境的优化是有实质影响的，各级地方机关也根据民法典的具体规定，修改或制定了相关的优化营商环境类的地方法规。民法典中完善和灵活的担保物权制度也必定会刺激更多资本流入市场，促进小微企业的成长与发展，为市场注入新鲜血液。由此可见，将民法典落到实处必将会对优化营商环境起到推动作用。

(二)优化营商环境具体措施与民法典的衔接

1. 对电子化业务的承认与推广

民法典第四百六十九条中规定:“以电子数据交换、电子邮件等方式能够有形地表现所载内容,并可以随时调取查用的数据电文,视为书面形式。”这无疑给以电子合同为代表的各种电子化业务办理方式,以确定的法律地位。随着网络技术的发展,电子化业务办理形式越发融入我们社会生活办理的各种事项之中。不仅仅是在办理手机卡这种较为日常化业务中会使用电子合同,在各种大型商品交易和手续办理中也会大量使用电子化手续,并且电子化的方式以其易保存且绿色节约的特点越来越受到交易双方的青睐。而各地也出台了相关政策,为电子手续办理保驾护航。例如,在《上海市2022年优化营商环境重点事项》中,就明确提出了要将电子化招投标项目类型和范围做大,实现工程招投标业务的全流程在线办理。我国幅员辽阔,很多商业贸易双方处在不同的省市地区,要将双方一起集中到线下办理业务需要花费更多的时间,电子化手续无疑会为商业活动的开展节约成本,而承认其合法地位就显得更加重要。对于电子化业务办理以及线上交易形式的保护与推进,无疑会促进经济的发展,缩短手续办理所需要的时间,减少各种客观条件对经济发展造成的负面影响。

2. 加强对知识产权的重视和保护

民法典第一百二十三条明确规定:“民事主体依法享有知识产权。”在粗放型经济发展阶段,公民的知识产权意识还非常缺乏,加上时常有各种“山寨”产品流入市场,广大乡村市场就成了这些商品的主要阵地。这些商品不仅侵犯了知名品牌的商标权,而且往往质量上存在瑕疵,对消费者的健康权等权利也会产生损害。近年来,各地对知识产权的保护力度以及对盗版产品的整治力度也在不断加大,也越发重视对专利权的保护。如长沙探索建立集中统一高效的知识产权管理体系,依托现代科技提高受理专利申请、商标咨询、著作权登记、维权援助等一系列知识产权相关业务的办理速度,这将在很大程度上缩短办理周期,极大地便利相关知识产权手续的办理活动,从而使公民的权利保护需要也得到了满足。同时，在司法领域，也注重对知识产权的保护力度，知识产权法庭和知识产权法院的作用可以得到良好发挥。这些措施既紧跟了民法典，同时，也保障了商家的权利，特别是保护了一些具有品牌效应的商家的权益，也对市场行为进行了良好的规制。

3. 改善征收征用制度以优化营商环境

在经济快速且较粗放发展的阶段，城市规模不断扩张，出现了一些土地征收征用情况，但特有的乡土情结也使得拆迁、征收征用等工作的开展较为困难。拆迁问题和征收征用涉及多方利益，各个主体间也容易“纠缠不清”。民法典第一百一十七条规定：“为了公共利益的需要，依照法律规定的权限和程序征收、征用不动产或者动产的，应当给予公平、合理的补偿。”该法条无疑明确了公民在征收征用情况中享有赔偿的权利，但如何具体落实在现实生活中，还需要各地根据当地发展情况分析考量。山东蓬莱、武汉市江汉区、福建漳州等地，都提出了与征收征用相关的行政措施，从而保障公民与企业在征收征用中减少损失。推动信息公开以优化营商环境成熟完善的市场是流动的、自由的，从20世纪70年代末直至今日，全国各地招商引资的脚步一直没有停下来。而是否能够留住外地资本和企业，也与该地方的信息公开程度有很大的关系。信息公开的及时、高效和透明，可以有效减少腐败现象的滋生。民法典第二百一十八条规定：“权利人、利害关系人可以申请查询、复制不动产登记资料，登记机构应当提供。”这就体现了对职能部门信息公开的相关要求，而以广西某地为例，行政审批部门开展多项举措，加大其信息公开力度，同时，坚持每季度在当地日报上刊登全市政务公开情况，包括经济发展情况报告、重大项目招投标情况、物资采购情况等。这些举措营造了公开透明的市场氛围，让不同的市场主体能够得到平等的信息获取渠道，从而让商业交流变得更加便利，全国很多城市都在推行此类的信息公开制度，为优化营商环境贡献自己的力量。

（三）民法典的实施对优化营商环境的意义

1. 规范了优化营商环境的相关举措

对于优化营商环境，之前大众也许还在认识上存在偏差，认为只要制定了制度、规制了市场就能创造一个良好的营商环境,却忘记了给予市场自由配置资源的尊重。这种想法常常会体现在制定相关优化营商环境措施或者地方法律法规时没有节制,对于法律中没有限制和禁止的地方加以限制,对于一些应该给予市场主体自主选择的地方,加以各种多余的规定。

民法典中对于公民隐私权的保护,以及对"自愿原则""公平原则"的强调,也说明了要给予公民在民事活动中的自由权。自治是民法典所奉行的基本价值理念,这意味着民事主体有权自愿从事民事活动,自主决定民事法律关系的内容,有权自主决定民事法律关系的变动,也应当自觉承受相应的法律后果。要符合民法典所规定的要求,就需要在管理市场时,给予市场主体也就是公民和经营者足够的自主权。上文中提到的民法典规定,很多都是对公民权利的进一步确认。物权编中对过去流质流押绝对禁止的态度出现了松动,也体现了对市场主体"自愿原则"的承认,这也是鼓励交易和契约自由的商法思维的体现。民法典中也有许多对权力行使提出要求的条款,这意味着,在优化营商环境举措方面,权力机关有时也可以适当放手以激发市场活力。地方的各项优化营商环境的行为要符合法律规定,同时,要给予市场主体更多的自主权。也只有这样才更能调动起市场主体的主观能动性,促进资金流转,激发市场潜力,同时,也利于培养市场主体的守法意识。但在市场这只"看不见的手"发挥作用时,绝不意味着权力机关彻底放任其"野蛮生长","看得见的手"也需要在必要时刻发挥其作用。对于违反民法典的行为,监督部门要给予相应的处罚;而在一些特殊时期,如自然灾害发生时,相关机构也要加强监督管理,杜绝哄抬物价等行为的出现。

2. 指明了当前优化营商环境的重点

法律的制定与颁布是需要适应社会发展现状的,很显然,民法典也是针对当前社会亟须解决的热点问题制定了许多新的规定。而这些领域往往也是在优化营商环境中亟待解决的,各地可以重点针对这些法条来制定配套的地方立法和具体的实施制度,以解决本地市场中出现的营商环境问题,从而提高本地吸引投资的水平。

在过去的几十年时间里,我们在追求经济增长的同时,忽略了一些发展中存在的问题,而当经济社会已经发展到目前的水平时,这些问题就变得更加棘手。就如上文提到的民法典中对于知识产权内容的规定,就很好地体现了当前越发重视知识产权的现状。在经济粗放型发展的时代，盗版产品靠着不公开不透明的市场信息，以及讯息流通不便利造成的讯息差，收割了大量财富，若这种情况继续发展下去，必定会破坏社会创新氛围，严重扰乱市场秩序。民法典的规定无疑为地方职能部门优化营商环境的制度设计提供了大方向的参考，包括物权编中对于流质流押的规定，也与当前需要进一步激发市场活力的现状息息相关。而对于电子化业务的承认与推广，也在很大程度上节约了市场主体的时间成本，加速了市场流通速度，进一步促进了商业的发展。

3. 加强多方主体的法治意识，促进营商环境的优化

民法典作为我国第一部以“法典”命名的法律，影响巨大，而各级地方的普法行动也随之开展，这些举措也促进了各机构部门意识的提高，推动其制定出的措施符合民法典的规定，进而优化营商环境。民法典诸多内容涉及社会生活的方方面面，也极大地引发了普通大众对法律的关注，促进了公民法治意识的提高。只有公民在进行民商事活动时守法，才能真正使民法典中的法治要求落到实处。而民法典的出台关系着人们的切身利益，也会让民众更加重视法治的作用，在遇到各种纠纷时，选择用法律来保护自身的利益。良好的营商环境也需要交易双方自觉遵守法律，法律知识的增加和法治意识的提高，无疑从内在因素方面为营商环境的改善提供了条件。同时，更具法治意识的优化营商环境举措，也会在日常的各类行为中体现出合法性和合理性，更能满足服务型社会的要求，从而能从多方面共同促进营商环境的优化。

民法典的颁布使之前许多没有得到法律确认的民事权利得以规定，也对之前的诸多法律设计有了进一步的细化。由于其涉及社会生活的方方面面以及其自带的商事性，所以其对于优化营商环境措施，也有极大的指导作用。各地优化营商环境的举措应该与民法典规定相吻合，只有这些措施才能紧跟社会发展的步伐，真正对地方的经济与商业发展起到推动作用，才能建立起良好的社会营商环境和营商氛围，从而促进地方经济的发展。民法典的颁布让大量新出台的优化营商环境措施更具前瞻性，更加关注当下民商事活动中民事主体真正需要的便利，可以说民法典的颁布对优化营商环境措施有着极大的促进作用。各地优化营商环境的措施也在民法典的指导下，质量得到了不断提升，不断推进着我国各地健康营商环境的建立。

第二节 公民的民事权益

一、推进民法典实施保障劳动者权益

《中华人民共和国民法典》是新中国历史上首次以法典命名的法律，承载着几代立法人、法律工作者和亿万人民的梦想。民法典的颁布，顺应时代要求，符合人民愿望，契合发展需要，在我国立法史上具有里程碑意义，因此，要充分认识民法典出台的重大意义。民法典规范平等主体之间私法关系，体现了对生命健康、财产安全、交易便利、生活幸福、人格尊严等各方面权利的平等保护。民法典是市场经济基本法，在国家法律体系中的地位仅次于宪法。

自新中国成立以来，民法典的制定经过了几次启动，现在终于完成，对依法维护人民权益、推动我国人权事业发展，具有重大意义，也必将提升整个国家治理水平，助推“中国之治”跃上更高境界。民法典被誉为社会生活百科全书，内容包罗万象，涵盖公民从生到死各方面的行为规范和权益保护，直接涉及公民和法人的权利义务关系。

民法典是对新中国成立 70 年来形成的民法通则、物权法、合同法、担保法、婚姻法、收养法、继承法、侵权责任法和人权法方面的民事法律规范的全面系统编订纂修，是公民生活的行为准则，法官裁判民商事案件的基本依据。民法典和每个人的一生都有密切关系，每个人都应学习、了解，并树立契约精神，形成规则意识，依法规范自身行为，依法维护自身权益。

民法典与劳动法立法精神高度一致，其中涉及劳动关系、劳动者权益维护方面内容，为劳动法有效实施提供了基础规则，使劳动者主体资格确立、劳动合同订立、精神病员工监护人、死亡员工工资福利待遇继承等一系列问题有了更加明确的法律依据。

要以民法典为指引，创新、完善劳动法律制度。民法典具有鲜明的中国特色、实践特色、时代特色，为劳动法律制度的创新和完善提供了指南，尤其是，在劳动法领域为完善民事主体制度、健全人格权保护规则、完善侵权损害赔偿等提供了方向指引和落实办法。要以民法典为依据，完善劳动法律相关规定，进一步健全自然人的民事权利能力和民事行为能力制度，规范民事主体资格范围；进一步明确自然人和其他民事主体人格权的内容、边界和保护方式，明确性骚扰的民事责任与单位预防义务，强化对隐私权和个人信息的保护。民法典于 2021 年 1 月 1 日起施行。实施民法典，是一项系统工程、长期工程，需要各方面共同努力。相信，民法典的实施，将不断增加人民的获得感、幸福感、安全感。

二、从民法典看妇女权益保护

（一）性骚扰

性骚扰事件时有发生。在民法典出台之前，法律上对于“性骚扰”的明确规定来自妇女权益保障法第四十条：“禁止对妇女实施性骚扰。受害妇女有权向单位和有关机关投诉。”规定较为笼统，可操作性弱，威慑力不够。民法典第一千零一十条规定：“违背他人意愿，以言语、文字、图像、肢体行为等方式对他人实施性骚扰的，受害人有权依法请求行为人承担民事责任。机关、企业、学校等单位应当采取合理的预防、受理投诉、调查处置等措施，防止和制止利用职权、从属关系等实施性骚扰。”

其中使用“他人”表述，充分体现了性别平等。民法典中将“性骚扰”的对象由女性扩大到“他人”，彰显了男女平等思想。要“谨言慎行”是一大亮点。在常规认知里，有实际肢体接触的才算性骚扰，但是随着网络的普及运用，现实生活中通过电话、短信、发送不雅图片（视频）等方式进行的非肢体性骚扰行为屡见不鲜。

民法典明确了性骚扰的构成要件，一是主观上违背他人意愿，二是将言语、文字、图像、肢体等行为明确为性骚扰的实施方式，这就更加充分发挥了法律对行为的指引作用。防止性骚扰不该是个人的事，以往有错误观念认为遭遇性骚扰，是因为受害人穿着暴露，行为不检点，是受害人自己的问题，甚至出现了所谓的“完美受害人”理论。民法典明确规定，机关、企业、学校等有防止性骚扰义务，包含了三个层次的含义。一是上述单位应该采取措施预防性骚扰的发生，例如在办公场所的设置上，采用透明隔断设备，空间开放，避免给性骚扰提供空间等；二是应该妥善处置有关性骚扰问题的投诉，不能以影响团结、妨碍工作等为由放任不管甚至故意掩盖；三是引导公众正确认识到防止性骚扰应是有关单位乃至全社会的共同责任。

（二）夫妻共同债务

近几年，夫妻一方与债权人恶意串通损害夫妻另一方权益，或因夫妻一方超出家庭日常生活所需大额举债，造成夫妻另一方在毫不知情的情况下背上沉重债务负担的案例屡见报道。这类案件的特点如下：金额较大，从几十万到几百万元不等；被负债对象多为女性；被负债人均自述对负债并不知情，甚至是离婚后被起诉到法院才知道婚姻存续期间另一方借贷情形；寻求妇联帮助时，大部分案件已经过一审、二审，甚至已经进入执行阶段，个人财产已被冻结或者执行，生活陷入困难。这类案件在全国各地都有发生，被负债一方抱团取暖在全国范围内联合成立了一个以女性为主的“反 24 条联盟”，通过集体发声来实现集体维权。“24 条”指《最高人民法院关于适用〈中华人民共和国婚姻法〉若干问题的解释（二）》第二十四条：“债权人就婚姻关系存续期间夫妻一方以个人名义所负债务主张权利的，应当按夫妻共同债务处理。但夫妻一方能够证明债权人与债务人明确约定为个人债务，或者能够证明属于婚姻法第十九条第三款规定情形的除外。”

在这一条的指引下，为保护市场经济下交易安全和交易的稳定，以往法官原则上对夫妻关系存续期间所发生的债务都按照夫妻共同债务来处理，且未举债的夫妻一方若认为债务不是夫妻共同债务的，还要承担举证证明义务，这让无辜负债一方很难自救。为此最高院于 2017—2018 年间陆续出台了一系列针对夫妻共同债务处理的补充规定，提出了非法债务不能认定为夫妻共同债务、共债共签、减轻被负债一方举证责任等有利于保护被负债一方的规定。

民法典第一千零六十四条规定：“夫妻双方共同签名或者夫妻一方事后追认等共同意思表示所负的债务，以及夫妻一方在婚姻关系存续期间以个人名义为家庭日常生活需要所负的债务，属于夫妻共同债务。夫妻一方在婚姻关系存续期间以个人名义超出家庭日常生活需要所负的债务，不属于夫妻共同债务；但是，债权人能够证明该债务用于夫妻共同生活、共同生产经营或者基于夫妻双方共同意思表示的除外。”这更进一步明确了“夫妻共同债务”的范围。

“共同意思表示”“债务用于家庭日常生活”，这两个前置词直接给出了婚内举债是否为夫妻共同债务的答案，其实也是对理论上一直提到的夫妻间“家事代理权”范围予以明确，赋予了夫妻独立人格，非家庭生活需要双方都有知情权、同意权。另外，举证责任分担规则的变化强化了债权人的责任意识。民法典的该项规定对债权人提出了两个要求，一是做好事前风险防范，在大额借贷借出时要求夫妻双方共同签字，即“共债共签”；二是提醒债权人，其对是否属于夫妻共同债务也负有举证责任，法定的举证责任需要强化自身的风险意识，要主动去避免和减少事后纠纷。这条规定还突破了以往民法利益衡量的基本规则。以往立法工作者更多考虑的是如何保障交易安全，保障债权人的利益。“24 条”的立法本意就是防止夫妻双方“假离婚真逃债”。民法典这条规定虽然在一定程度上牺牲了交易习惯、安全和高效便捷，但充分体现了国家对家庭和弱势群体实施倾向性保护的立法理念。

（三）男女平等

“平等”作为私法领域的一项重要原则，在民法典中得到了淋漓尽致的体现。法典中共有 12 个条文提到了“平等”，其中在“婚姻家庭篇”中有 6 条，这 6 条中又有 2 条专门提到了“男女平等”，可见我国民法典对婚姻家庭中“平等”关系，尤其是“男女平等”关系的重视。当我们提到保护妇女合法权益时，总有人会开玩笑说，现在女性权利大得很，你看妇女在家被欺侮了可以找妇联保护，而男的被打却投诉无门。这其实是对社会依法维护妇女合法权益工作的误读，社会始终强调的是从性别平等的角度出发，维护妇女的合法权益，从而促进两性以及家庭的和谐健康发展。

目前，妇联接到的投诉案件中，女性在招聘时遭受性别歧视，在孕期、产期、哺乳期受到不公平对待，以及农村妇女的土地权益受到侵害等仍是反映较多的问题，性别歧视离我们并不远。法律是时代精神的产物，民法典正是落实男女平等宪法原则的典范，它的出台必将对整个法律体系在促进男女平等、维护女性权益上产生深远影响。

三、侵权责任下的民事权益

侵权行为的发生是民事权益受到侵害的一个表现形式，也是构成民事权益受到侵害的必要组成部分。对民事权益在侵权责任法背景下的范围进行界定以及受到保护的程度是研究侵权责任法的关键任务。在我国法律制度不断完善的背景下，民事权益的保护范围也一直处于动态变化之中，侵权责任法主要保护的是带有绝对性质的民事权益，但是在实际案例中侵权责任法应该对其表达方式以及可实现程度对其目标进行调整。

（一）侵权责任法视域下完善民事权益表达模式的宏观指导思想

从宏观指导思想的角度来看，实现法律权益与行为自由之间的平衡是我国现行立法的关键。侵权责任法旨在维护自由行为与法律权益之间的关系，如果一味地对任何受到损害的权益都通过给予帮助的形式来实现，那么将会改变侵权责任法的本质，使之保险性质有所加深，这样会造成人的自由行为受到过分约束。因此，侵权责任法应该将调整自由行为以及法律权益之间的关系作为核心内容。侵权责任法对民事行为的保护范围的表达模式需要对行为自由和法律权益进行平衡，因此，在确定侵权责任法中民事权益具体范围的过程中应该将协调自由行为与法律权益之间的关系作为其主要指导思想，不仅不能因为法律权益而对自由行为进行过分的约束，也不能因为行为自由而降低了法律要求，要力求实现自由行为与法律权益之间的动态平衡。

（二）侵权责任法视域下民事权益的表达模式

在研究侵权责任法视域下的民事责任表达模式时，应该充分考虑动态系统理论的主要内容，并将其与民事权益的范围界定进行有机结合，从而实现对新型模式的建立。从各个国家对该内容的法律规定可以看出，法国民法中主要是通过抽象总结的方式实现民事权益的表达模式，而德国民法则与其不同，其通过递进列举的方式来实现，但是这两种实现模式都存在着一些问题，我国法律部门在侵权责任法的视域下研究民事权益时，应该充分考虑到这两种模式的缺点，并通过动态理论对其进行弥补。

新型表达模式对侵权责任法中对民事权益的相关内容进行了较为明确的阐述，这样的模式能在很大程度上为法律决断者提供具有弹性的依据。新型的表达模式具有以下几个优点。

第一，法律权益保护的范围得到了拓展，不仅包括民事权益，还包括民事权利。不仅包括财产方面的权利，还包括人身权益的内容。

第二，根据法律保护的要件将民事权利和民事权益进行了分类。

第三，责任的性质能在很大程度上影响法律保护的范围，如果发生故意或者违背善良而侵害他人利益的行为，那么利益就会受到更高程度的保护。

第四，结合动态理论的新型模式将很多能影响法院决断的因素列举出来，这样的模式使得法院在进行决断时能参考更多的法律政策。

第三节　婚姻家庭关系

一、民法典背景下的婚姻家庭关系

民法典的实施代表着我国社会发展进入了一个新阶段，只有小家和睦才能保证国家的稳定发展。民法典婚姻家庭编部分的修改和完善，既体现了我国对于社会传统婚姻价值观的继承，又体现了当代社会主义核心价值观对于我国婚姻家庭制度的要求。

（一）民法典婚姻家庭编立法价值

我国民法典婚姻家庭编体现了婚姻法中婚姻自由、一夫一妻、男女平等原则，一方面是对于中华人民共和国成立后所推崇的“自由恋爱，反对封建包办婚姻”等理论的传承，另一方面也开创了一编五章的制度体系。经过多次修改、反复讨论的婚姻家庭编弘扬社会主义核心价值观，在立法价值上体现了维护婚姻家庭的伦理属性及团体价值，进一步强化对弱者利益的保护,以实现法律的实质正义。

1. 传承婚姻法婚姻家庭关系立法理念

民法典婚姻家庭编的重要立法价值之一就是对于婚姻家庭关系立法理念的传承,这种核心理念一直存在于我国历部婚姻法中。中华人民共和国成立后颁布的第一部法律就是1950年5月1日正式实施的《中华人民共和国婚姻法》,其中所规定的“实行男女婚姻自由、一夫一妻、男女权利平等,保护妇女、未成年人和老年人的合法权益”直到现在还被民法典婚姻家庭编所吸纳,其确立了妇女的主体地位,提高了妇女的社会地位,为建立良好的社会主义社会秩序打下了基础。而1980年修订的婚姻法在改革开放初期施行,又重申了“男女平等”原则,增加了有关子女自由随父姓或母姓以及诉讼离婚中子女和财产分配方面有利于男女平等的规定。婚姻法“2001年修正案”,则在秉承既往理念的基础上,增加了对妇女、儿童、老人等弱势群体的保障。在离婚制度中,增加了丈夫不得提出在妇女怀孕期间和哺乳期以及中止妊娠6个月内提出离婚,体现了对妇女权利的保障。而民法典婚姻家庭编既顺应我国发展的需要,增加了夫妻共同亲权与家事决定权等规定,进一步体现了夫妻双方在婚姻关系中的平等决定权,更加重视对于婚姻中弱势群体的救济,维护其合法权益,使男女双方的各项权利都能得到平等的保护。

2. 完善民法典婚姻家庭制度体系

我国一直缺乏一部完整的民法典,而要想建立一个完整的民法典婚姻家庭制度,就不能单行法律,必须使其法典化。婚姻法从来就不是只调整婚姻关系的法律,婚姻不可能独立于家庭存在。民法典婚姻家庭编命名中加入了“家庭”二字,调整范围包括婚姻关系所涉及的夫妻双方、子女人身关系和财产关系,保留了婚姻法注重人身权利、家庭伦理和财产利益的特点,顺应了社会民众的婚姻习惯。此外,婚姻家庭编开创了一编五章的婚姻家庭制度体系,涵盖了结婚到离婚的程序条件和实质条件,以及婚姻所产生的家庭人身关系与夫妻财产关系以及收养关系的内容。收养关系内容的增加则基本搭建了以婚姻关系和收养关系为核心的婚姻家庭制度体系,也为未来立法者提供了充足的立法空间。

（二）民法典婚姻家庭编立法调整内容

1. 贯彻“反对轻率离婚”的理念

近年来，离婚率高的问题成为社会焦点，其原因有生活成本高、女性独立性强等。但是，重要原因是夫妻婚恋观存在问题，轻率离婚的思想正在社会上蔓延。我国婚姻法一直以来都注重维护婚姻家庭稳定，倡导“保障离婚自由、反对轻率离婚”。因此，离婚冷静期制度应运而生。离婚冷静期就是给协议离婚的夫妻双方 30 天的冷静期，若 30 天后仍想离婚的话，可以双方亲自到婚姻登记机关申请离婚证，否则就视为撤回离婚登记申请。离婚冷静期存在着一定的社会争议，反对者主要认为离婚冷静期会导致部分存在家庭暴力等被侵权的一方不能及时离婚。从相关规定来看，离婚冷静期只是对登记离婚增加了限制条件，并不会影响到诉讼离婚的适用。此外，婚姻家庭编还增加了有关离婚标准的规定，“经人民法院判决不准离婚后，双方又分居满一年，一方再次提起离婚诉讼的，应当准予离婚”。不论是在协议离婚程序中增加离婚冷静期，还是在诉讼离婚中增加新的标准，其目的都是达到离婚自由权的一种平衡，从而减少冲动离婚现象，降低社会离婚率。

2. 加大对离婚中弱势群体的救济力度

对婚姻中的弱势群体进行救济是婚姻法的一项重要制度，而民法典婚姻家庭编则进一步加大了对离婚中弱势群体的救济力度。2001 年我国婚姻法修正案的施行，使离婚救济制度进入了大众的视野中。离婚救济制度目的是将婚姻中当事人的损害降到最低，以保护弱势群体的合法利益，维护社会公平正义。民法典在保留“照顾子女、女方原则”“家务劳动补偿”“经济帮助”“离婚损害赔偿”四项救济措施基础上，加大了离婚的救济范围和力度。一方面，减少了对于家务劳动补偿的限制条件，扩大了财产补偿的范围。另一方面，对于离婚无过错方的救济力度有所加大，拓宽了法定赔偿情形。民法典在已有的离婚损害赔偿制度基础上，增加了无过错方对“有其他重大过错”的过错方列为请求离婚损害赔偿的兜底条款。在财产分割的过程中“照顾无过错方”原则也被广泛使用。

（三）民法典背景下婚姻家庭关系的展望

婚姻法一直以来都注重对于婚姻中弱势群体的救济，民法典婚姻家庭编在婚姻法救济制度的基础上，扩大了对婚姻中弱势群体的救济范围和力度，以彰显法律的公平正义。首先，家务劳动补偿限制条件的减少，弥补了过去婚姻法对于家务劳动理解的局限性问题，重视夫妻双方在家务劳动中投入的时间成本不同，给予在家庭事务中投入多的一方更多的补偿。尽管婚姻法规定了夫妻双方应该在婚姻家庭生活中互帮互助，平等地享有权利承担义务，但很难保证夫妻双方在婚姻中的投入是一样的，女性承担了更多的照顾家庭任务，在离婚后往往难以找到合适的工作，谋生能力会下降。民法典重视对于夫妻在婚姻和家庭中所作出的贡献进行评价，承认家务劳动的社会价值，使婚姻中弱势群体积极去争取应得的家务劳动补偿。其次，在一段婚姻中，过错方是可耻的，无过错方理应得到更多的经济补偿。民法典增加了关于无过错方救济制度的“兜底条款”，双方在离婚财产分割时，将“是否存在过错”作为一项重要的分配原则，可以扩大对于离婚损害赔偿制度的适用范围，更加公平合理地分割财产，可以起到法律的指引作用，也是对婚姻中有类似想法的人的一种警示。

民法典婚姻家庭编是对传统立法理念的传承，对于婚姻家庭关系制度体系的完善，也结合了时代特征增改了部分内容。这些修改使婚姻家庭纠纷得以更高效的处理，夫妻人身财产利益得到更好的保护。对于民法典时代新时代婚姻家庭关系，可以期待其更加和谐稳定、平等互利、家庭亲子关系和睦。

二、民法典中离婚冷静期制度

民法典的出台，在我国的法律发展的历史当中具有划时代的意义——是新中国第一部以法典命名的法律。民法典是市民社会的基本法，也是国家治理体系的基本保障。从人的出生开始到死亡，所有的行为都可以在其中找到相应的准则。其一共有七编，其中的婚姻家庭编则是由原来的《中华人民共和国婚姻法》修订而来。根据统计，我国已经连续 16 年离婚率上升。基于此种现象，民法典第一千零七十七条规定了离婚冷静期。对于该制度的出现，社会各界人士对此都纷纷表达了自己的看法。

究竟离婚冷静期制度在社会实践当中是否合理？离婚冷静期制度是否真的可以缓解离婚数量的上涨？是否需要区分情况与适用？是否需要设置适用的例外情形？对于这些问题，都需要进一步地进行探讨。

目前，人们对于离婚冷静期的认识度有待提升，随着社会经济的快速发展，人们的思想也产生了相应的变化，夫妻之间开始对婚姻中的立场之争进行反思，并且逐渐地开始关注在离婚冷静期制度的保障前提下，对自身合法权益的保护。

（一）离婚现状与未来发展趋势的分析

离婚冷静期制度于2021年1月1日起实施，对该制度的分析与调研中发现，认可并支持的学者不在少数。该制度的建立可以有效地避免与减少冲动型离婚，挽救当事人的婚姻，并有助于未成年人的心理健康发展、当事人理性处理婚姻家庭内部矛盾、婚姻内财产纠纷以及保障家庭成员合法权益。有效地保障公民的基本权益，进一步地加强完善婚姻家庭法体系，是婚姻保障更加科学化、合理化、理性化的良好发展趋势。民法典中第一千零七十七条离婚冷静期制度在离婚的过程中适用方法的通过，就此奠定了设立离婚冷静期的有效前提条件。

（二）国内外的立法现状

国外的立法。任何法律制度的诞生都不是凭空出现的，也不是任意创设的，都有一定的根据和理由。离婚冷静期制度也不是我们国家的首创，在别的国家也同样地出现了离婚率逐年攀升的情形，因此各个国家也都制定了相关的制度进行调节。通过在离婚之前设置一定的制度，给予离婚双方一个冷静的时间，是为了使双方对待自己的离婚决定更加地慎重。

韩国的离婚率也在逐步攀升，韩国对此作出调整，于2005年离婚熟虑期制度开始试行。不仅如此，还有相关的配套措施——咨询制度，即夫妻双方可以就婚姻中的财产或者是儿女抚养等相关问题进行咨询，这也就在一定程度上进行了缓冲，有利于双方暂时有一个冷静的时间去理性地思考双方是否真正要离婚。在离婚熟虑期的试行中，起初时间设置为一周，当然，家庭暴力的离婚情形除外。时间虽然相比其他国家设置的时间较短，但是这并不影响其在实践中所发挥的作用，开始试行后，离婚率确实有所改善。但是一周的时间难免有些过于短暂，因为离婚这个问题，确实是比较复杂，因此，首尔法院将其改为三周，在2007年的《韩国民法典》中正式规定了这一制度。并有相关的配套措施予以辅助，更好地发挥其作用。对于离婚熟虑期的适用情形，并不是所有的情形都是一样的。对于在离婚中有子女需要抚养的，离婚熟虑期则会得到适当的延长为三个月，没有需要抚养子女的则为一个月。这样的区别对待也是合理的，不会造成死板适用的现象。韩国离婚熟虑期的制定对于我国在婚姻家庭关系这方面的立法具有一定的借鉴意义。

我国的相关立法。早在1994年的《中华人民共和国婚姻登记管理条例》的第十六条就规定，在夫妻一方或者双方申请登记离婚时，婚姻登记管理机关对当事人的离婚登记应当进行审理，自受理申请之日起的一个月为离婚条件审查期，对于符合离婚条件的，才应当予以登记，发给离婚证，双方自此时起解除夫妻关系。这样的规定，也是相当于离婚双方有一个月的时间进行冷静和缓和。但是，在2003年，将这项规定取消。没有了时间上的限制，双方当事人只要有离婚的合意，签署了离婚协议书并且对相关的事宜作出了约定，即可在当地民政局当天离婚。在基层法院，离婚案件层出不穷，令人头疼。法院面对此种情形也积极探索有效的解决方案，有的法院，根据实际情况适当地引入离婚冷静期，从反馈来看，有着不错的效果。

（三）离婚冷静期的基本理论

离婚冷静期制度并不是第一次提到，只有这次才正式规定在民法典中。“离婚冷静期”是指夫妻双方自向民政局申请离婚之日起三十天内，任何一方不愿意离婚的，可以向婚姻登记机关撤回离婚登记申请。前款规定期间届满后三十日（一个月）内的，双方应当亲自到婚姻登记机关申请颁发离婚证。若双方在三十天后仍未申请离婚证的，就视作撤回离婚登记的申请。当然，在离婚冷静期内只要没有到冷静期限，就不得离婚，如果双方当事人坚定要离婚的，或者其中的一方当事人执意要离婚的可以向法院起诉离婚。

（四）离婚冷静期制度的意义

因我国的人口基数相对较大，所以与他国比较，我国的离婚率相对靠前。随着网络数据信息化的快速发展，人们思想的转变较大，我国传统从一而终的婚姻理念面临新的挑战。2022 年，刚结完婚就办理离婚手续的新婚夫妻不在少数，这些离婚夫妻中有一定比例是冲动型离婚，对此，需要我国有关部门对此进行必要的干预，以维系稳定的婚姻家庭关系。

1. 离婚冷静期的社会意义

目前，夫妻之间因为冲动而离婚的并不罕见，夫妻之间之所以会选择离婚，其原因包括精神压力大、夫妻双方工作繁忙、无法为对方提供充足的情绪价值体现、性格上的差异化以及夫妻之间缺乏有效沟通等原因。相对来说，夫妻双方中有一方违反了法定婚姻义务而离婚的情况相对较少。离婚冷静期制度的价值体现于社会层面的意义，在于可以充分保障当事人有足够的时间与空间做出真实意思的表达。对于离婚冷静期，应树立正确的婚姻价值观念，夫妻之间的关系与公司和劳动者之间的契约关系、物质关系不同；夫妻之间的婚姻关系包含了双方的财产权利、人身权利、对子女抚养教育的义务、家庭成员的保护以及对于老人的赡养责任。离婚冷静期充分发挥出了其警示功能，婚姻不是儿戏，当下的夫妻应该谨慎对待婚姻关系。

2. 离婚冷静期的法律意义

在民法典中加入离婚冷静期制度，使有关部门为了协调婚姻家庭关系能够有章可循，为全国的婚姻登记机关提供统一的参照标准，以此避免现行法律中，在地域差异化上的不同，以及对于不同地域的婚嫁习俗的统一规范，在一定程度上遏制了不良婚嫁风气。

3. 离婚冷静期保护双方权利的意义

加强保护双方权利在离婚冷静期制度中的意义，在法律层面上，民法典中加入离婚冷静期制度，是指离婚的过程中加入了一段让夫妻双方冷静思考的时间，是为了维护一段岌岌可危的婚姻关系，或因为某一件事情夫妻之间没有进行有效的沟通，从而避免因误会而产生的离婚念头。本着从夫妻双方基本利益的角度，社区工作人员或离婚登记处的调解员需要对夫妻双方进行有效的沟通与调解。

（五）离婚冷静期制度的启示

现代婚姻观点更多的是体现以自我为中心，注重自身的需求与发展，以及在婚姻中，夫妻双方渴望得到对方的尊重与理解。现代的婚姻观念更注重自我价值的体现，以及在婚姻当中，夫妻双方所提供的情绪价值是否满足。在情绪价值得不到满足的时候，比较容易发生夫妻之间双方或一方的情感转移。在以前，离婚的理由更多是婆媳关系的矛盾以及家庭暴力等，而在现在，中青年婚姻群体对于离婚的理由多样，例如，育儿观念的不统一、爱情的情绪价值无法得到满足、夫妻双方或一方沉迷游戏、罔顾家务、对于家庭财产的分配不均匀、忠诚度不高、夫妻双方或一方由于忙于工作疏忽了对夫妻之间的情感交流等，以上问题的产生也是当今社会离婚率较高的原因。

1. 有效降低我国冲动型的离婚率

对于离婚冷静期的实践，需要不断地探索与参照国内外好的例子，进行有效的借鉴与互相学习。对于离婚冷静期的适应期限，经过法院以及婚姻登记处多方的考量，大部分地区的法院和婚姻登记处会对婚姻家庭状况进行基本的了解，并划分是不是冲动型离婚、危险型离婚等婚姻状态。同时，可以将离婚冷静期制度细致地划分为诉讼离婚与协议离婚冷静期，这两种方式存在明显的差异性，诉讼离婚并不适应于所有法院受理的离婚案件。虽然诉讼离婚和协议离婚冷静期极为相似，在不同程度上都具有降低冲动型离婚率的作用，但是二者的适用范围略有不同。

2. 加强大众对婚姻态度的重视度

当今时代网络数字信息快速发展，人们在生活和工作中获取信息的速度更加快捷，娱乐方式更加多样化，导致人们不太重视维护婚姻关系，再加上婚姻关系容易解除，付出的成本也相对较少，进而增加了夫妻之间的离婚率。由于受到互联网虚拟世界的影响，人们在真实世界中的交流产生了一定的阻碍。现在我国部分青年群体对于浪漫爱情的追求,以及个人婚姻的选择与传统的婚姻观不同,进一步地提高了离婚率。

(六)离婚的原因简要分析

以前离婚会受人诟病,但现在认为离婚是十分正常的现象。从一方面来看,这是社会的进步,改变了从前的思想陈旧、保守的态度,人人勇敢地追求恋爱自由、婚姻自由的价值观。但是从另一方面来看,这也容易形成结婚的随意性——"闪婚"现象。"闪婚"即双方认识很短时间在对方并不是深入了解的情况下步入婚姻的殿堂。这带来的结果是双面的。有的婚后发现双方并不适合结婚,导致诸多婚姻矛盾。从而不得不结束这段婚姻,即离婚。有的可能幸福一生。除了闪婚,"闪离"也是一大原因。

新婚的夫妻在相处的初期,由于年轻冲动或者是因为双方的性格原因,因为一些柴米油盐的小事就时常把离婚挂在嘴边,甚至一时冲动就去民政局离婚,这也是导致离婚率上升的一个重要因素。还有一种就是"男女平等"价值观的弘扬,对于不合适的婚姻,女人和男人一样可以拿起法律的武器来维护自己在婚姻中的合法权益。

(七)离婚冷静期的适用

许多人在对"离婚冷静期"是否合理这个问题上的态度褒贬不一。一项法律制度的诞生,一定有它的合理性,至于在实践中的效果如何,我们拭目以待。法律的生命力在于实施,只有经过实践才能发现一项制度的不足之处,才可以进行完善,因为法律的滞后性是必然存在的。

随着离婚率的不断上涨,离婚冷静期制度有着其制定的必要性、紧迫性。对于草率型、冲动型离婚的情形,在通过30天的冷静期后可以适当地减少离婚数量。从民法典中婚姻家庭编的规定来看,离婚冷静期在登记离婚中采取强制使用的方法,换言之,亦即只有在协议离婚才强制适用。强制适用自然有其好处,如果仅仅供当事人选择适用,离婚的双方因其烦琐的程序鲜有人选择适用,那么离婚冷静期的设置,也就形同虚设,不能实际地充分发挥其应有的作用,只有强制适用才可以起到立法者的预期作用。民法典中规定的离婚冷静期制度，在诉讼离婚当中并不是强制适用，而是由法官根据自由心证原则，根据他们对案件的分析梳理然后适时地采取离婚冷静期。

离婚冷静期的适用应有例外。张力教授指出，现代婚姻法对婚姻自由的主要干预目的是确保婚姻自由意志本身的真实性而非确保婚姻结婚与离婚动机的“理性”，更无力确保男女之间的感情可以稳定维系。离婚冷静期对双方的约束只是在双方的感情基础之上给予时间上的冷却，主要是希望双方更加冷静和理性。但是婚姻的维系毕竟最终还是依靠感情，意思自治。离婚和结婚均是夫妻双方的自由选择的结果，故想要通过离婚冷静期制度对婚姻的制度予以冷却，对动机予以沉淀的“冷静”与“理性”的要求就是相对的。

所以，对于协议离婚的所有情形“一刀切”是不可取的，是一个值得我们去思考的问题。这就说明对于离婚冷静期的适用范围需要作出规定，哪种情形适合协议离婚，可以去登记，哪种不适合，需要采取其他的离婚形式。举例而言，发生家庭暴力的婚姻去登记离婚，其中施暴的一方极大可能在30天的冷静期内反悔，从而导致离婚失败，在这30天内也有可能再度实施暴力，造成受害者再次受到侵害。即使受害方申请人身保护令，也没有离婚将其婚姻关系彻底终结更加实际有效果。

在具体的实践中，离婚冷静期的适用不能一概而论，生活中离婚案件是复杂多样的。一是对于家暴，应当明确将其排除在离婚冷静期制度之外。不能让离婚冷静期成为其“保护期”，反而为家暴助力。二是离婚双方确实达成了离婚的合意，并且十分冷静，目的明确，且对于夫妻双方之间的财产分配问题、子女的抚养问题已经达成书面协议的双方，可以开通绿色通道，加快双方当事人办理离婚手续的速度，为双方当事人节约时间成本。三是对于在离婚冷静期内偷偷转移财产和虐待子女的，可以不适用离婚冷静期。

（八）离婚冷静期的不足之处

设置离婚冷静期制度是针对降低当今社会离婚率的尝试性探索，其建立在婚姻自由的基础上，不违背立法宗旨的前提下，该项制度仍存在一定的不足之处，如对于离婚冷静期的适用范围欠缺明确的规范性，且对于离婚冷静期的适配措施与相应的机制建设不健全。对于离婚冷静期制度仍然需要进一步地细化,在设置确切时间的同时,也需要征询夫妻双方的离婚意愿。婚姻作为一种对于夫妻双方感情上的保障,需要进一步保障人身关系、财产关系,因此,在离婚过程中,不可以忽视对人身以及财产权益的保护,避免夫妻之间共同财产的转移。

1. 离婚冷静期适用范围不明确

离婚冷静期制度作为离婚程序的规范,其目的是更好地保障婚姻中的自由度,促进理性离婚,减少因夫妻之间的冲动而造成不必要的离婚。在对该项制度的实践应用中,在确保制度合理性的同时,需要对某些特殊事项的标准进行明确的规范,避免制度上的"一刀切"。例如,因家庭暴力或夫妻之间某一方或双方有赌钱、酗酒等一系列的极端行为,对夫妻之间某一方的财产或人身安全造成了危害,针对此类情况,当事人希望并迫切地需要离婚来保障自身财产以至人身安全,那么离婚冷静期是否适用,针对此类特殊的情况是否有采取特殊应急的机制,规定还不明确。

对于离婚冷静期的适用方面,立法上只是条文上规定登记离婚一律适用离婚冷静期。并没有对哪些离婚的情形适用离婚冷静期作出具体的规定,因此,对于一些存在家暴或者有转移财产行为的离婚,当事人由于认为法律规定必须适用离婚冷静期,因此大多数采取法院诉讼离婚的方法,这样就会导致诉讼离婚案件的增加,从而增加了法院的压力。适用离婚冷静期,应该有例外,将一些不适合适用离婚冷静期的离婚情形排除在外是比较正确的,例如只要是存在家暴、转移婚姻财产、虐待子女行为或者是在离婚冷静期内有前述行为的离婚案件一律排除在适用离婚冷静期之外。对于民法典条文的进一步解释以及将何种情形排除在离婚冷静期之外还需要立法机关作出相关的解释。

2. 适配措施与响应机制不健全

就当今社会目前的离婚状况而言,仍需加强完善离婚冷静期制度的配套措施与响应机制。对于家庭暴力、赌钱、酗酒等一系列的极端行为,需要专业机构的咨询并提供专业的支持。专业的婚姻调解员以及调解机构的介入,可以有效地修复夫妻之间的感情,避免不必要的矛盾产生,减少夫妻之间因为误解而导致的冲动型离婚的发生,并减少公共资源的浪费。夫妻之间的婚姻关系不仅仅需要对夫妻双方的权益保护进行考量，还需要考虑到夫妻之间老人的赡养问题、小孩的养育问题，针对以上各方面事项中的问题，我国的离婚冷静期制度的建设需要加强并完善。

对于离婚冷静期制度的规定，仅仅是一个制度设立，没有相应的配套措施与其相适应的话，其所发挥的作用便会大打折扣，不能达到立法者以此来降低我国离婚率的直接目的，当人们觉得离婚冷静期制度不合理的时候，别的问题就会出现。例如会成为某些家庭暴力和转移婚姻财产的离婚情形的无形保护伞，也有可能造成制度仅仅具有形式价值，在这 30 天内就只是等待着而已，离婚双方并没有充分利用这 30 天的时间来解决问题和矛盾，这样一来就只是演变成了离婚证领取时间的延迟而已。应该在婚姻登记处设置一定的可供离婚双方咨询引导的咨询处。无论是对双方的感情问题，还是对婚姻矛盾问题、财产问题、子女抚养问题，都可以提供相应的建议，并进行引导，使离婚双方在离婚冷静期内有所目的和针对性地解决问题，而不是虚度架空这 30 天的离婚冷静期。

3. 未对离婚冷静期内的家暴行为提供法律救济

家暴一直以来是社会比较关注的问题，家庭和谐社会才可以稳定，家暴行为极大地损害了家庭成员的利益，在婚姻关系中显得尤为重要。家庭暴力的受害者往往是弱势群体，如妇女、子女和老人往往是家暴的对象。在家暴离婚案件中，尊重受害方的意愿并保障其切身利益尤为重要。草案中仅是简单地用一个条文对登记离婚冷静期做出规定，丝毫未涉及家暴等情形的救济。因此，对于离婚冷静期救济具体方法的制定显得迫在眉睫。

4. 离婚冷静期的时间规定僵化

在民法典中离婚冷静期时间规定为 30 天，是一个不变期间，所有的协议离婚都要适用这个时间。这就形成“一刀切”的局面，离婚的情形和缘由多种多样，纷繁复杂，因此一律适用的话就显得不合理。对于明确离婚的，协议确系双方真实的意思表示的，且确已感情破裂的夫妻双方，可以在一个月期限到来就予以登记离婚。对于涉及子女抚养问题，或者财产问题等其他问题比较复杂的，应当适当地延长，以便于其更好地去解决问题，而不是等到离婚冷静期届满了，还没有彻底地解决好问题。反观域外制度，韩国规定需要抚养子女的夫妻比无子女的夫妻多两个月冷静期。所以,有所区别才能更好地应对各种各样的离婚情形。

离婚冷静期制度的规定,使得我国登记离婚方面的相关规定更加丰富,有法可依。离婚冷静期的制定反映了立法者对于离婚率逐年上涨的应对态度,目的是降低离婚率,促进家庭的和谐稳定,社会和谐发展。离婚冷静期制度的制定自然有其本身的合理性,但是也有需要不断完善的地方。离婚冷静期不是我们国家的首创,在我国离婚冷静期的适用过程中,我们也要不断借鉴和本土化,走出一条我国的离婚冷静期之路。法律的生命力在于实施,离婚冷静期在实践中的应用效果具体如何,只能拭目以待。

(九)完善我国离婚冷静期制度的建议

1. 完善离婚冷静期的适用范围

离婚冷静期的设置,目的是降低冲动型离婚的概率,对于离婚冷静期的适用范围进行弹性设置。在实践中,需要判断当事人是否为冲动型离婚,对于婚姻是否还有挽救的必要,以及对于夫妻双方是否具有可持续性的婚姻可能。对于离婚冷静期的设置,不应当“一刀切”,需要对当事人的实际情况进行判断,当事人是否有未成年子女或是仍处于哺乳期的子女、在婚姻期间是否存在家庭暴力、是否在婚姻期间夫妻双方或一方有隐瞒财产或私下转移财产的情况等,对于以上的特殊情况进行不同的处理。对于长期存在家庭暴力、转移财产、赌钱以及酗酒等特殊情形,应当不受离婚冷静期制度的时间限制。对于长期暴力伤害当事人的行径,增加受害人的痛苦,那么离婚应当是保护当事人的最好且最具有法律效力的强有力的手段,并对施暴者进行教育以及处罚。对于存在转移财产等情形,应当适当地延长离婚冷静期的期限,对家庭成员的财产安全进行基本的保护。因此,对于诉讼程序以及离婚冷静期的适用范围进行最大最有益处的创新与突破,可以充分保障当事人的自主性选择权利,积极通过当事人进行协商与反思,最大限度地解决当事人的矛盾纠纷。综上所述,根据离婚冷静期制度的适用范围进行判断,将离婚冷静期分类为两种:“适用型”和“不适用型”。对离婚冷静期制度的适用范围进行优化,有助于有关部门有针对性地实施法律制度,具体问题具体分析。常规适用型依据有关法律制度有法可依地进行处理，对于第二种不适用型，可以将冷静期延长、缩短或终止。

2. 规范离婚冷静期的基本权益

离婚冷静期内的财产属于夫妻共同财产，需要进一步地细化离婚冷静期内个人财产，由于离婚冷静期将夫妻婚姻关系延长了30天，所以针对离婚冷静期之内当事人的个人财产保护，需要有关部门做出详细的细化规定。对于离婚冷静期内夫妻共同财产进行设置财产债务申报等流程，冷静期内保障夫妻共同财产的安全稳定，设置财产申报制度确保夫妻财产的准确性，防止离婚冷静期内一方或双方恶意挥霍损害财产，致使夫妻共同财产难以取证。防止夫妻之间一方背负的个人债务，难以取证并出现分割不清等问题。在冷静期内，对当事人夫妻共同财产或花销不正当的报复性损害夫妻共同财产的情况，要实施有效的预防措施。针对婚内无过错方弱势群体的具体保护措施，保证离婚冷静期内夫妻分居的合法效益应当设置分居制度，离婚冷静期设置的目的是促使夫妻双方能够各自冷静理性地思考。针对家庭暴力等涉及人身伤害、威胁当事人的人身安全等极端情况，申请对当事人实行保护，如强制性的分居等。

3. 有关机制的完善与建立

对于离婚冷静期制度的准确落实，相关部门应当起到推进作用，配合与完善离婚冷静期制度并提出具有针对性的意见，充分发挥整体调度和协调功能，设立社会所需的规章制度。

首先，需要充分发挥冷静期制度的控制能力，通过设立专职调解委员会，从主管部门层面保障共同经济制度的落实以及离婚率的降低。专业调解人员的强势介入，其作用在于保持中立，客观冷静地提出解决意见。对于调解工作的进行，可以在法院、妇联、社区等工作单位进行专业人员的设置或志愿者的招募。

其次，调解员应当注重夫妻之间的个人隐私，签署相关的保密文件，保护夫妻双方的个人隐私。并对调解人员进行法律心理方面的培训，提高其综合业务能力。建立有效的回访监督机制，当事人在离婚冷静期之后，无论夫妻双方是否选择继续婚姻关系，有关部门都应当对夫妻之间进行有效的沟通回访，以便了解当前夫妻双方的婚姻状态，并总结相关经验，持续推进离婚冷静期内相关工作的有效进行。

社区不定期开展婚姻家庭教育小课堂，法律层面只能进行夫妻关系的调解与协商，但仅仅是在表层现象。为更好地解决夫妻双方之间的感情问题，应定期在社区内开展家庭教育以及心理咨询活动，并充分发挥实效性；社区可以确立婚姻家庭咨询团队以及对专业人员进行培养，为夫妻双方提供咨询服务。弱势群体受到社会各界的广泛关注，法条解释不完善，会让大众对该项制度的实施产生一定程度上的误解，为消除大众的误解，社区应当从普法的角度给予高度的重视，并加大宣传力度，保障人们的权益，发挥法律的最大价值，使人们深入了解法律的作用，促进社会的发展。

婚姻不仅仅是单方的付出，更需要双方共同努力、共同创建，婚姻关系的维护对于夫妻双方的忠诚与责任缺一不可。借助法律搭建出夫妻双方情感沟通的桥梁，为夫妻双方消极的心理状态进行有效的调解。

第四节　财产的继承

在网络时代快速发展的今天，如何保护网络的衍生品——“虚拟财产”，这必然是数据时代下所面临的重要法律问题。《中华人民共和国继承法》（以下简称继承法）从 1985 年实施至 2021 年废止，已经走过 30 余载岁月，为保护权利人私有财产继承权利提供了坚实的法律保障。2021 年 1 月 1 日，《中华人民共和国民法典》正式生效，原继承法经修订作为民法典继承编，继承权也发生了相应的变化。但是，目前我国对网络虚拟财产继承问题的研究还停留在初期，究其原因，网络主力军主要以“70 后”“80 后”“90 后”“00 后”为代表，虚拟财产继承对这些人来说还很遥远。但是近几年互联网的快速普及，不少“50 后”“60 后”也加入网络后备军的行列中，同时随着第一批网民即将老去，网络虚拟财产的继承已由可能变为现实，这为构建我国虚拟财产继承制度提供了良好的契机。将虚拟财产纳入民法典调整的继承法律关系中，不仅是对网络时代下新型财产的保护，也是对现实社会发展的及时回应。

一、网络虚拟财产继承问题研究概述

（一）网络虚拟财产概念的界定

1. 网络虚拟财产的定义

人们接受网络服务，在享受不受时间、地点限制的买卖商品、情感交流过程中，一种虚拟化、具有价值属性的财产诞生了，这就是虚拟财产。虚拟财产在我国并不是自产品，而是由国外引申而来的一个新兴概念，虚拟财产依托网络技术产生，保存于网络服务器，是具有物权属性的特殊财产。从字面理解，“网络”指网络空间；“虚拟”指在现实生活中没有实体化形态，只能保存于运营商网络服务器上；“财产”意味着虚拟财产成立需要具备实体财产的一般属性，如自由支配性、可流转性、效益性等，而物权属性指虚拟财产可为权利人自由行使占有、使用、收益、处分。综上所述，网络虚拟财产是一种能为人所支配的具有价值的网络虚拟物，是财产在网络虚拟空间的表现形式。

2. 网络虚拟财产的划分

关于虚拟财产的外延划分，其一直属于虚拟财产讨论的热点问题，但由于缺少明确的法律界定，学界中没有达成共识。学界关于虚拟财产的划分分为“整体说”和“狭义说”。“整体说”是学界的主流观点，认为虚拟财产本质上是网络用户利用运营商提供的网络服务创造的无形财产，财产外延包括一切具有经济价值的虚拟财产和具有人格利益、精神价值属性的财产。认为虚拟财产可分为两种类型：一是网络用户游戏中的财产；二是用户游戏外的财产，如网络货币和带有明显人格利益的虚拟财产。在案件中使用何种虚拟财产，要具体问题具体分析。“狭义说”认为虚拟财产只由经济价值属性的财产组成，如价值不菲的游戏账号、游戏装备、虚拟货币等可以通过现实货币交易的网络财产都属于虚拟财产。该观点将精神价值属性的虚拟财产排除在外，认为虚拟财产只由纯物质利益属性的财产组成，因此局限性较大，无法适用某些人格权侵权的虚拟财产案件。

（二）网络虚拟财产继承的必要性分析

1. 虚拟财产继承有利于完善我国现行法律体系

科技的进步和社会的快速发展，使我国公民拥有的财产范围不断扩大，现行民法典调整的继承法律关系已无法满足继承人继承新型财产的需要，因此及时将公民虚拟财产纳入民法典保护的遗产范围，不仅是对新型财产法律地位的认可，更有利于完善中国特色社会主义法律体系。早在2003年，联合国教科文组织会议发表了《保存数字遗产宪章》（以下简称宪章）协议书，旨在呼吁成员国加强对本国虚拟财产的保护，这也是对各国虚拟财产继承立法发出的最早的倡议。在网络时代快速发展的今天，宪章对当下虚拟财产继承制度的构建起到了引领性的作用。综观各国对虚拟财产的保护，都经历了从不重视到重视的过程，随着网络的更新换代，虚拟财产早已成为网络用户重要的财产权利，网络技术发达的国家对虚拟财产继承制度的构建已提上日程，如美国、英国、韩国、德国等目前已经针对虚拟财产继承出台了政策，而我国对于虚拟财产的保护仍停留在初期阶段。中国特色社会主义法律体系是中国特色社会主义伟大事业的重要组成部分，建设当代法律体系，不仅需要基于理性的思考，更需要进行实质性的试验和探讨。我们的法律制度不应该是僵化的、墨守成规的，而是需要随着客观形势的变化与时俱进。因此，承认虚拟财产继承的法律效力不仅是对民法典的补充，更是对现行法律体系的理性构建，只有这样，才能体现法律的前瞻性和法治的生命力，才能更好地服务市民社会。

2. 虚拟财产继承有利于保护被继承人、继承人的合法权益

虚拟财产对网络用户来说具有价值属性，像市场上稀缺的账号更是洛阳纸贵，如“QQ靓号”“手机靓号”等，此类账号不同于传统的虚拟账号，其以蕴含“长长久久”“六六大顺”等吉祥寓意为特色，网络用户购买“幸运”账号往往需要支付一定金额的金钱才可以获得，此类财产若可以继承，则意味着用户合法的新型财产可以继承的方式传递下去，是对原权利人合法财富价值的肯定。而当下不少网络用户将网络看作抒发情感的工具，这些用户往往将生活中拍摄的照片、视频，记录情感的

文章、日志，保存于账号中。显然，此类账号以及账号上的信息对他人来说并没有实质性的价值，但这部分财产却是记载网络用户生活的真实写照，其中形成的纪念价值，不能用具体的金钱来衡量。而对于其继承人而言，继承这部分财产更是寄托情感、悼念亲人的一种方式。我们应该知道，财产继承绝不仅仅是纯利益性财富的单方面传递，而更应该注重家族血缘关系的传承。因此，网络用户不幸离世后，自己留下的合法虚拟财产，无论是经济价值的财产还是精神价值的财产，对其予以保护能够体现出法律对网络用户合法权益，以及继承人继承权利的理性关怀，倘若任由这些财富闲置、浪费，无疑是对虚拟财产价值的漠视，更是对法律传承的人文情怀的否定。

二、我国网络虚拟财产继承现存的问题

（一）我国网络虚拟财产继承立法现状

虚拟财产继承问题是近几年社会发展中衍生的法律热点问题，但各国之间立法水平有所差异，即便在经济水平和法治水平较为发达的国家，网络虚拟财产继承的立法也较少。从我国当下的立法现状来看，虚拟财产继承处于立法空白的局面，对于实务中虚拟财产继承的问题，虽然已有一些相关案件，但由于缺少具体的法律规定，且没有虚拟财产继承的指导案例，法官处理虚拟财产继承案件时困难重重，只能比照传统财产继承案件判决模式诠释虚拟财产继承案件。随着我国网民数量的增多，公民拥有的合法虚拟财产范围不断扩大，网络用户离世后个人合法财产如果只按照传统财产的保护方式进行审理，法官自由裁量权较大，在案件中既可以承认虚拟财产继承的效力，也可以认定其不能继承，难免会出现同案不同判的情形，这就容易在不同继承案件中产生“差别对待”的问题，不利于实现司法公正。

（二）理论层面网络虚拟财产继承成立要件的思考

1. 虚拟财产继承主体的身份认定困难

在虚拟财产继承案件中，继承人要举证证明继承主体身份的合法性，整个证明过程对继承人来说必然十分困难。一方面，网络用户意外离世，意味着继承人无从知晓账号密码等信息，甚至系统可能因为本人长时间未登录该账号自动删除了账号内相关的数据信息，当这种情况发生时，继承人很难证明网络用户身份的合法性，证明自己的继承身份更是困难重重；另一方面，即便继承人提交相应的证明材料，作为司法机关，核查证据的真伪需要网络运营商的帮助，意味着在整个审查过程中，运营商需要承担审核网络用户个人信息，评估、鉴定虚拟财产价值等后续工作，但由于缺少明确的法律法规界定运营商履行的义务，整个审查过程往往难以得到网络运营商的支持和配合。

2. 虚拟财产继承的客体界定困难

遗产的范围具有限定性、明确性的特征，因此只有明确划分虚拟财产，才可以将其纳入遗产的保护范围内。网络虚拟财产继承客体类型丰富，并且种类也有不断增加的趋势，大致可以分为具有经济价值的虚拟财产和具有人格利益、精神价值的虚拟财产。

具有经济价值的虚拟财产又可以划分为虚拟货币以及本身具有价值属性的账号、游戏账号、游戏装备等，对于将此类虚拟财产纳入遗产范围内没有争议，但对于涵盖精神价值的虚拟财产是否可以继承、继承是否侵害网络用户及他人隐私权，目前还尚有争议。网络虚拟财产继承的客体有着诸多方面的限制，具有精神价值的虚拟财产由于带有明显的人格利益，在实践中难以界定明确的范围，这也是阻碍网络虚拟财产继承进行进一步发展完善的重要因素。隐私权作为公民的一般人格权，法律有义务保证权利人个人身份信息安全、私人生活安宁不被他人侵犯，虚拟财产的法律属性使然，意味着一部分财产必然涉及当事人和他人的个人隐私。网络用户不幸离世，法定继承人提出继承请求，往往会遭到网络公司的拒绝。因此，保护权利人生前隐私也成了虚拟财产继承合法化不可回避的关隘。

三、我国网络虚拟财产继承问题的应对策略

对于虚拟财产客体的划分，应包括如下类型：游戏账号、游戏装备、社交账号、虚拟货币、予以公开的网络信息以及涉及公民个人隐私的网络信息等。

虚拟财产继承客体可分为三类。

第一类是具有财产属性的虚拟财产，这一类虚拟财产以网络虚拟货币、网络账号、游戏装备为代表，可以在生活中转化为直接的财产。

第二类是涉及当事人隐私权的虚拟财产，这一类虚拟财产以网络用户与他人的聊天记录、未公开的日志、微博为代表，特点在于不具有直接财产价值，一般以照片、文字、视频的形式储存于网络用户的移动设备。对于此类虚拟财产需要采取严格保密措施，稍有不慎，就会导致离世的网络用户和他人的个人隐私被侵犯。因此，继承人继承这类虚拟财产需要签订保密协议，如果有证据表明继承人以营利为目的出卖信息，或者故意泄露身份信息，则撤销继承人继承权利并且予以严重处罚。

第三类虚拟财产以不涉及个人隐私为主的虚拟财产，此类财产往往是网络用户发表于社交平台的日记、微博、博客，特点在于公开于网络之上，可以被其他网络用户直接获取。

第三章

行政法律知识

行政与行政法是行政法学上的两个基础，同时也存在一定学术争议的概念。逻辑思维的基本形式就是概念，所以如果没有明确和确定的概念，就无法揭示事物的本质属性，就更不用说思考问题和有效表达思想了。

第一节 行政与行政法

行政与行政法是行政法学上两个基础的概念。本章就对行政与行政法两个概念展开研究和分析。

一、行政

（一）日常生活中的行政

在日常生活中，“行政”一词有很多种解释，一般用来指“执行事务”“政务的组织和管理”等。行政也可以用于表示国家与公共事务的行政和社会组织、企业的行政。在行政法中，行政就是国家与公共事务的行政。最为典型的公共行政，当数国家行政机关从事的领域广阔、层级结构分明的管理和服务。但是，公共行政除了可以指国家的行政之外，还经常指一些非国家机关的公共组织的行政，如公用企业、事业单位、社会团体、行业组织、基层群众性自治组织等从事公共管理与服务的行政。

“公共行政”一方面是指国家对公共事务的决策、组织、管理与调控；另一方面是指承担国家与公共事务的决策、组织、管理和调控这一类职能的国家行政机关和其他公共行政组织。

（二）学者对行政的定义

不同时期，行政出现了不同的解释。在近代，行政被看成是国家权力分立的一种产物。但是到了现代，因为一些国家的权力出现了交叉或混合，所以要为行政下一个准确的定义非常困难，直到今天，国内外的学者似乎也没能达成一致意见。现将几种主要观点介绍如下。

1. 观点一：行政是国家意志的执行

这种观点源自美国行政学家F.J.古德诺的政治、行政二分说。古德诺强调，任何政府体制均具有两种功能，即国家意志的表达功能和国家意志的执行功能，政治是国家意志的表达，行政则为国家意志的执行。制定政策属于政治，执行政策则属于行政，政治与行政应该分开设立。

2. 观点二：行政是行政机关行使的国家职能

这种观点认为，行政是行政机关行使的国家职能。国家机关主要有三种：立法机关、行政机关和司法机关。立法是立法机关的活动，司法是司法机关的活动，而行政则是行政机关的一切活动。不论活动本身的性质如何，一律根据机关的性质来区别国家的职能。这种观点建立在三权分立的基础上，以行使国家职能的机关作为区分国家职能的标准，人们常将其称作“机关意义的行政说”“形式意义的行政说”。[①]然而，随着现代行政的发展，出现了较多的行政机关委托私人或非政府组织以及法律授权非政府组织履行公共行政职能现象，针对这些私人或非政府组织的公共行政活动，行政法同样需要适用。所以，用“形式意义的行政说”来表述行政，在行政法学上存在局限。

与上述观点相对应的一种观点认为，行政是为达到某公益目的而逐日进行的具有连续性的具体活动，而立法是制定普遍性规则的活动，司法是适用法律解决争议的活动。这种观点也是建立在国家职能的分工、国家作用的分类的基础上，但它以国家职能的实质内容和目的作为区分标准，故通常被称为“实质意义的行政说”。[②]这种观点对于理解行政及立法、司法活动的特征有较大意义，但由于其所描述的行政除了指向行政机关的管理活动外，还有可能包括立法机关、司法机关内部的行政管理，同时，它又不能涵盖行政机关行使准立法职能、准司法职能的活动，故这种观点也存在着较大不足。

3. 观点三：行政即管理

这种观点认为，行政即管理，也就是行政管理活动。这个观点的优点是简明扼要，通俗易懂。但是，“行政”与“管理”在一定意义上是同

---

① 王名扬．法国行政法[M]．北京：中国政法大学出版社，1988.
② 同①．

等概念,用管理来确定行政并没有充分表述行政的含义,需要作补充和解释。

综上所述,本书认为行政即国家行政机关和其他公共行政组织对国家与公共事务的决策、组织、管理和调控。具体来说,此观点有如下四层含义。

(1)国家行政机关以及其他公共行政组织是行政活动的主体。

(2)随着行政活动范围的不断扩大,现代的行政已经不仅局限于管理国家事务上,还会延伸到管理公共事务上。

(3)对国家事务与公共事务的组织与管理是开展行政活动的主要目的。

(4)决策、组织、管理和调控是行政活动的主要手段,行政与立法、司法在这些方面也存在着区别。

二、行政法的含义及内容

(一)行政法的含义

"行政法"这个词最早见于法国,用 droit administratif 表达,英语将其翻译为 Administrative Law,我国运用"行政法"一词,是从日本引进而来。在古代,行政法就是对国家进行管理的法律,从而将国家管理制度、官吏制度与行政法等同。在近代,行政法指的是国家划分出的行政职能,相关部分行使职能。当前,国内外学者所下的行政法定义都是基于近代定义的基础之上。

所谓行政法,指的是有关国家行政管理的各种法律规范的集合,是基于行政关系这一调整对象,并且是仅次于宪法的一个独立法律部门。行政法主要是为了保障国家行使行政权的合法性与合理性。

作为一个独特的法律部门,行政法与其他部门法显然不同,其具有自身的独特性。具体而言,主要表现在内容与形式上。

在内容上,行政法的特征表现为如下三点。

(1)对象的确定性。虽然行政法内容非常复杂、广泛,但其调整对象、调整的范围往往是可以确定的,即行政关系。这种调整对象的确定性决定了行政法作为一个独立法律部门的地位。

（2）内容的广泛性。行政法是与国家行政管理相关的法律，而国家行政管理不仅包含国家管理，还包含社会管理等。这就是说，国家行政管理具有广泛性，这也决定了行政法内容具有广泛性。

（3）内容的相对易变性。与其他法律相比，行政法的内容容易发生改变。国家行政管理的领域非常广阔，内容也非常复杂，社会关系也逐渐发展，这就导致行政法的内容也随之发生改变。

在形式上，行政法具有多样性。如前所述，行政法的内容具有广泛性、复杂性、变化性，这就使行政法很难以一个单一的法规来表现，往往需要多种法规。虽然不少国家制定了专门的行政法典，但是其必然需要依赖其他具体的法规进行辅助，这就体现了行政法的多样性。

（二）行政法的内容

行政法内容亦指行政法律规范的内容，即被行政法所确立的各项权利与义务的内容。世界上不同国家的行政法，其调整对象是同一的，但其内容是有差异的。内容上的差异，取决于其历史渊源以及理论基础上的不同。

法国行政法是规范公共行政之法，是一个几乎包罗万象的公法部门。法国行政法内容以公共行政为基础并与后者相一致，相当庞杂。它主要包括：（1）行政主体；（2）行政机关组织；（3）行政行为原理（如行政法规、行政措施、行政契约、法治原则、行为效力等）；（4）公务员制度；（5）公产和公共工程；（6）警察行政一般原则；（7）行政诉讼。

德国行政法的内容主要包括：行政行为、委任立法、司法审查、行政程序等。受德国行政法的影响，日本行政法与其较为接近，日本行政法的内容主要包括：行政作用法、行政组织法、行政救济法。

英国行政法的出现晚于法国，而且由于受戴雪（Albert Venn Dicey）观点的影响，行政法内容远比法国单一。英国行政法着重规定行政机关权力的来源以及保护公民不受行政机关侵害的问题，具体包括行政裁判、委任立法、司法审查等。

美国行政法与英国行政法虽然属于同一法系，内容十分接近，但也略有区别，例如：行政程序在美国行政法中占有很大比重（它有行政程序法典），以至于有人认为美国行政法就是行政程序法；公务员法自成体系，不属于行政法的内容。

在我国,虽然行政法学理论体系尚不统一,但行政法的内容已大致接近。我国行政法的内容主要包括:行政主体、行政立法、行政行为、行政程序、行政违法与责任、行政救济等相关法律法规。

第二节　行政主体与行政行为

一、行政主体

行政主体的特征主要表现在以下几个方面。

一是组织性。行政主体为组织而非个人。行政主体是具有行政职能的组织,个人不能成为行政主体。

严格来说,行政主体是由法律创设的,它具有法律所确认的虚拟人格,即法人资格,因而不可能是自然人。我国行政主体概念虽未以公法人制度为基础,但也认为行政主体只能是组织,它具有法律所创设的权利和义务,其主体地位是后天所赋予,并非如自然人一般系先天所赋。

二是归属性和行使性。行政主体享有行政权,可以依据法律行使行政权,是行政权的归属者和行使者。但是,行政主体所享有的行政权,并非其固有,而是由宪法和法律授予的。

根据人民主权理论,人民通过宪法将其享有的部分权力授予国家,由国家行使公共权利。根据权力分立理论,国家权力分为立法、行政、司法三部分,这三种权力分别由宪法授予不同的主体,行政主体即是行使国家行政权的主体。随着社会的发展,一部分公共行政职能从国家中分离出去,而由特定的社会组织行使,当这些组织基于法律法规授权而行使行政权时,同样享有法律所授予和认可的行政权,故而也属于行政主体。

三是前提性。行政主体的地位来源于行政主体对其行政权的积极行使,以其依法实施公务为前提。因此,在特定条件下,即便某行政机关享有行政权,但在其依法实施公务时,并不是行政主体,反而可能是行政相对人。

需要指出的是,这里所谓的依法实施公务,系指行政主体在实施公务时,具有相应的法律依据,但并不意味着行政主体的所有行政行为都是合法的。事实上,行政主体完全可能根据正确的法律依据作出违法行为,如根据行政处罚法之授权,对公民实施错误的罚款行为。

四是名义性。行政主体能以自己名义实施公务。享有行政权的组织在实施公务时,必须以自己的名义作出公务行为时才可能成为行政主体,否则不属于行政主体。某些行政机关的内设机构、派出机构虽享有行政权,但其不能以独立名义实施公务,因而不属于行政主体。除此之外,一些经由行政主体授权的社会组织也依据授权享有行政职能,在它能以自己名义实施公务时,可以认定为行政主体。

五是独立承担法律后果性。行政主体能独立承担法律后果。在我国行政法中,行政主体独立承担法律后果主要指的是能够独立作为行政诉讼的被告,也包括作为行政复议的被申请人。

实际上,我国的行政主体理论是与行政诉讼被告资格密切相关的。甚至可以说,在我国认定一个组织是不是行政主体,最重要的标准就是是否能够成为行政诉讼的被告。因此,是否能够独立承担法律后果,是认定行政主体的首要标准。

但实际上,这里所说的法律后果是片面的。在我国,行政主体承担法律后果的方式主要是作为行政诉讼的被告和行政复议的被申请人,承担因败诉而需要承担的法律责任,如撤销、重做行政行为等,这种法律后果是形式上的。

如前文所述,在西方各国,行政主体具有法人资格,其独立承担法律后果的最重要标志是以其独立财产承担实质责任,而我国的多数行政主体并不具备实在法意义上的法人资格,从而导致特定行政主体承担部分法律后果、国家或各级政府承担部分法律后果(主要体现为国家赔偿)的情况。换句话说,我国的大部分行政主体事实上无须独立承担全部法律后果,这也是我国行政主体理论所面临的理论困境之一。

二、行政行为

(一)行政行为的概念

所谓行政行为,是指行政主体在开展行政管理活动、行使行政职权的过程中所作出的法律行为。具体而言,行政行为涉及如下几层含义。

（1）行政行为是由行政主体作出的，且只能由行政主体作出。但是，行政行为是由行政主体直接作出还是间接作出，都不会对行政行为的性质造成影响。但需要指出的是，如果某些行为是由行政主体之外的其他国家机关或者社会组织作出的，且行政主体未给予委托，那么这种行为就不是行政行为。

（2）行政行为是行政主体履行行政责任、行使行政职权的行为。从定义中可以看出，行政主体的任务之一是开展行政管理，但是其所从事的活动并非在任何情况下都是行政行为。例如，行政机关租用办公房屋，或者某些行政官员购买办公用品等，这些就不属于行政行为。

（3）行政行为是一种法律行为，具有法律意义。这是从法律层面来说的，指的是行政行为能够产生行政法律效果，具有行政法律意义，而不是其他法律层面的效果与意义。在行政主体所从事的活动中，有些活动具有行政法律意义，有些则不具有。例如，行政处罚、行政许可、行政给付等都具有法律意义；而发布统计数字、气象预报等就不具有法律意义。可见，行政行为的法律意义就在于行政主体能够为自己的行为承担法律责任，至于这种行为是否具有合法性，则不会对行政行为的存在造成影响。

（二）行政行为的内容

所谓行政行为的内容，是指某个行政行为对相对人在权利义务层面产生的具体影响，或者是相对人在权利义务上作出的具体决定或者处理方案。行政行为不同，其内容与功能也不同，也就意味着会产生不同的法律效果。正是因为不同内容的行政行为的存在，进而导致行政主体实施不同的行政职能。

行政行为的核心就在于行政行为的内容，对行政行为内容的研究有助于行政活动与行政诉讼的开展。

就行政行为的整体来说，行政行为的内容非常广泛，行政行为的种类不同，对象与目的必然存在差异。即使是同一种类的行政行为，其对象与目的也会有所不同。因此，很难对每一项都作出举例说明。下面仅从各类行政行为对相对人的权利义务产生的影响及引起的法律效果的差异性出发，对行政行为的内容展开探讨。

1. 赋予权益或科以义务

赋予权益或科以义务是行政行为内容的一项重要表现,即赋予相对人以一定的权益或科以义务,使得行政主体与相对人之间形成一种行政法律关系。很显然,这实际上已经为相对人设置了新的法律责任。

赋予一定的权益即赋予相对人一种法律权益、法律权能或者法律权利,其中法律权益包含行政法、民法等的法律权益;权能是指能够从事某种行为或者活动的资格,如医师资格、律师资格等;权利是指能够从事某项活动或者要求他人不能作出某些行为的权益。在很多情况下,这种权利的取得具有持久性,可以重复行使,但也有一些则表现为一次性行为后即告结束,如依法发给奖金或抚恤金的行为等。我国行政许可法中规定的准予行政许可的决定就是一种赋予权能或权益的行为。其中包括一般许可、特别许可、认可、核准、登记等。

科以一定的义务即行政主体通过行政行为命令相对人作出一定的或者不一定的行为。其不仅包含接受审计监督等层面的义务,也包括人身义务和财产义务。

2. 剥夺权益或免除义务

剥夺权益或免除义务就是对法律地位进行取消,用来将已经存在的法律关系解除。具体来说,剥夺权益就是使行为人失去原有的法律权益、法律权能、法律权利。吊销执照、吊销许可证是对权利和权能的剥夺;扣留执照是对权利的暂时剥夺;收回奖金是对权利和利益的剥夺等。剥夺权益的内容,多表现在行政处罚行为之中,但有时也表现在其他行为之中,如对各种税费的行政征收行为等。免除义务行政行为的内容表现为解除行为人原有所负担的义务,如纳税人纳税义务的免除等。

3. 变更法律地位

变更法律地位是行政行为对相对人原有法律地位的变更。具体而言,扩大或缩小相对人原有的权利及义务,如减少纳税税种、扩大纳税税种、减少税率、扩大税率、扩大经营范围、缩小经营范围等。

4. 确认法律事实与法律地位

确认法律事实,即行政主体通过行政行为对是否存在某种法律关系并产生重大影响的事实进行依法确认。例如,医疗事故鉴定结论,就是对医疗事故的事实加以确认,其结果将影响医疗单位与被医疗人员之间的责任承担关系;道路交通事故责任认定的结论,是对形成或导致道路交通事故成因的分析和判断,其结果将影响各方当事人之间对所造成损害后果的处理与承担。

确认法律地位即行政主体通过行政行为确定是否存在某种法律关系或者确定这种法律关系存在的范围,如人民政府或者土地关系部门确认个人是否拥有土地使用权或者所有权。

确认法律关系与确认法律地位不仅存在联系,还存在明显的区别。确认法律事实必然会对法律关系的确认产生影响,但是二者并不等同,当事人之间是否存在某种法律关系,在事实被认定之前并不能完全确认。例如,对道路交通事故中伤残者受伤等级的确认,并不能将责任关系确认下来。确认法律关系是建立在确认法律事实的基础上的,在有些需要确认的法律关系中,也包含着确认法律事实,如对土地权行为的确认。但是,有些法律规定确认法律关系与确认法律事实分离,不能相互交叉在一起或者替代。

(三)行政行为的效力

行政行为一旦成立,便对行政主体和相对人产生了法律效力。不同行政行为的法律效力根据其行政行为的法律规范、事项以及内容确定。但一般情况下,行政行为具有如下几种效力。

1.行政行为具有公定力

所谓公定力,是指行政主体一经作出行政行为,不论这些行政行为从实质上是否合法,都具有被推定为合法并要求所有组织、机关等进行尊重的法律效力。换句话说,公定力的法律效力是假定的,并不意味着行政行为的作出是合法的。除了重大违法行为之外,行政行为在经过法定程序由法定机关认定为失效之前,都应该对这一行政行为进行推定,就像刑法中的无罪推定一样。对行政行为作这样的推定,主要是基于社会应当对行政主体的行为予以充分的信任和尊重,从而稳定权利义务关系的考虑,同时也是行政效率原则的要求。

2. 行政行为具有确定力

所谓确定力，是指没有法律的允许，不能随意变更或者撤销的法律效力，简单来说就是有效成立的法律行为不可变更。它是一种对行政主体与行政相对方而言的法律效力。

对行政主体的确定力，称为“实质确定力”，其要求行政主体如果不存在法定程序或者法定理由，不得随意更改行政行为的内容，如果更改，就需要承担相应的法律责任。例如，行政许可行为，行政机关在发给公民许可证或执照后，就不得随意更改许可事项和范围。这种实质确定力的目的，主要在于防止行政主体反复无常，任意变更、撤销、废止其已作出的行政行为，以防导致对行政相对方权益的损害。这种确定力对于维护行政相对方对行政行为的信任是极为重要的。

在理解行政行为确定力时，还需要对这种确定力的相对性加以注意。行政行为具有不可变更力，但并不是绝对的不可变更，而是作出后不得随意变更或者撤销。在法定事由的情况下，经过法定程序，行政行为可以依法改变（通过行政复议、行政诉讼等）。变更的主体可以是原行政行为的作出机关、行政复议机关或者一定情形下的人民法院等。但行政主体对因变更造成行政相对方利益受损害的应依法承担相应的法律责任，从我国行政许可法中可以清楚地看出这一点。

3. 行政行为具有拘束力

所谓拘束力，是指行政行为一旦成立，其内容对相关人员、相关组织产生的法律约束效力，相关人员、相关组织对其必须服从和遵守。一般来说，这种约束力涉及两个方面。

（1）对相对人而言，行政行为是针对行政关系相对方而言的，因此其约束力必然是相对人。对于生效的行政行为，相对方必须严格服从、遵守，完全履行行政行为的内容与义务，不得拒绝或者违反。

（2）对行政机关而言，行政行为一旦生效后，行政机关也需要受到约束。

第三节　行政程序与行政赔偿

一、行政程序

（一）行政程序的概念

1. 理解行政程序概念的多重视角

关于行政程序的概念，无论是中国还是外国都不存在定论。基于不同的标准，从不同的视角人们可以对行政程序作不同的理解。

（1）从最广义角度来看，行政程序指的是所有与行政相关的行为、措施，以及措施实施的步骤、方式、方法。

（2）从广义角度来看，行政程序指的是与行政行为有关的所有程序，其中不仅包括做出行政行为的各种程序，如行政许可、行政处罚、行政征收等程序，而且还包括监督行政行为的各种程序，如行政复议、行政诉讼、行政赔偿等。

（3）从狭义角度来看，行政程序指的是与行政行为相关的事前、事后的所有程序，其中主要指的是人们对行政行为实施的步骤、方式、方法等行政过程中的一系列行为。

（4）从最狭义角度来看，行政程序指的是在具体行政行为做出之前，所应该履行的事前程序，如听证。

2. 从行政过程论的视角来把握行政程序的概念

建立和健全行政程序，目的在于通过对作为国家统治权的行政权的行使予以规制，在确保实现全体人民利益的同时确保公民、法人及其他组织的合法权益不受违法或者不当的行政行为乃至其他行政活动的侵害。

3. 行政程序的概念界定

根据相关理论研究，再结合世界上多个国家所积累的行政程序的经验，人们对行政程序给出了如下定义：行政程序指的是行政主体在进行一系列行政行为时所采取的步骤，遵循的方式、方法、顺序、时限等的总称。显然，这是从行政过程论的角度所下的定义。

（1）行政程序主要针对的就是一系列行政行为的过程。据此可知，但凡实施的程序与行政行为过程本身所含有的因素不一致的，都不是行政程序研究的范畴。例如，司法机关对行政行为展开审查，这种程序并不是做出行政行为过程中所含有的步骤，更不是行政行为实施过程中所必须经历的，因而不属于行政程序。

（2）行政主体的种种行为是行政程序规范的核心对象。在有些行政行为中，如参与型行政，这些行政主体的行为对于作出行政行为意义重大，行政相对人的很多行为过程都被法定为行政行为过程中所必须遵循的步骤。例如，在对被处罚人作出行政处罚之前，被处罚人有权利进行陈述与申辩，此种环节或者步骤就是行政程序。在各国实际程序立法中，除了要规定行政机关颁发许可证本身的程序外，一般都要规定行政相对人对颁发许可证的参与程序。在有关听证制度的规定中，除了行政主体所必须履行的程序外，一般都有行政相对人提出申请、申请回避、辩论等程序，这些都在行政程序的范畴之列。

（3）行政主体进行行政行为的步骤、方法、顺序、方式、时限的综合就表现为行政程序。

首先，对于行政程序中的步骤而言，即行政主体进行行政行为时必须遵循的具体环节，如我国原治安管理处罚条例第三十四条第二款规定，公安机关作出治安处罚决定必须经过传唤、讯问、取证和裁决四个环节。我国治安管理处罚法第四章专门规定了“处罚程序”，对调查（主要包括传唤、询问查证、检查、扣押和鉴定等）、决定和执行分别规定了详细的程序规范，为该领域中行政的先行处置权提供了更为完善的程序保障和约束。调查、决定和执行三者共同构成了行政处罚程序。

其次，对于行政程序中的顺序而言，指的是行为主体在实施行政行为的过程中所必须遵循的先后顺序，如我国行政处罚法第四十一条规定，行政机关及其执法人员在作出行政处罚决定之前，不依法向当事人告知给予行政处罚的事实、理由和根据，或者拒绝听取当事人的陈述、申辩,行政处罚决定不能成立。

最后,对于行政程序中的方式、方法而言,指的是行政主体在实施行政行为时必须通过口头、书面等形式来完成。

(二)行政程序的种类

行政过程包括许多种类。

首先,从行政作用的角度看,可以分为行使公权力的过程和以公权力为背景的其他活动过程。前者包括制定行政法规、部门规章和地方政府规章等行政立法以及其他规范性法律文件的过程;讨论和制订各种行政计划的过程;行政行为的形成过程;行政强制过程;行政处罚过程以及行政争讼的裁决过程。后者包括行政合同过程;行政指导过程和行政信访处理过程等。

其次,作为国家组织中的行政过程,有各行政机关之间依据行政组织法而形成各种关系的过程,向权力机关提交法律案及预算案的过程,还有公布有关法律规范和预算的过程。

最后,与外国缔结条约及进行其他交涉的过程,许多也属于行政过程。

当我们从行政过程论的视角来理解行政程序时,上述过程所必须遵循的程序,都属于行政程序的范畴。除了上述行政过程所必须履行的程序外,与行政过程有关的活动所必须遵循的程序,也应当被纳入行政程序的概念范畴。从这种视角来看,行政复议程序、行政诉讼程序乃至行政赔偿和补偿程序等,也应被纳入行政程序的范畴。例如,1946 年制定的美国行政程序法(Administrative Procedure Act)就有关于司法审查(Judicial Review)的规定。并且该法经过 1966 年和 1967 年两次修改被收入合众国法典(United States Code),行政程序法中依然包括司法审查。

但是,包括我国在内的大多数国家的主流派理论以及实定法制度,都不主张也没有在实际上将行政复议法和行政诉讼法所调整的程序纳入行政程序法之中。这并不意味着行政程序法的概念架构中没有将行政复议程序和行政诉讼程序纳入其视野,而是鉴于这些程序所具有的独特属性,按照行政法体系架构方面的需要,将其作为救济法的重要内容来定位的。

作为抑制不当或者违法行政行为的制度，各国在确立依法行政原理的同时，一般都致力于建立和健全行政复议制度和行政诉讼制度。这些事后救济制度本身具有重要的意义。但是仅靠事后救济对于现代社会的权利保障来说是极其不足的，与事后救济制度相对应，现代国家也重视对行政行为乃至其他行政活动的事前乃至事中制约机制的建设。我们强调从行政过程论的角度来把握行政程序的概念，但不主张将事后救济程序也纳入其中。

一般而言，行政程序不同，所具有的性质就不同，当然所起的作用也是不同的。为了准确把握各种行政行为所具有的法律效力，对相对人的合法权益进行全面保护，有必要详细、具体、科学、合理地区分行政程序，这有助于人们更加深入地研究行政程序本身。不过，分类标准不同，行政程序的分类也是不同的。

（1）根据行政程序的适用范围以及各种行政事务所具有的法律目的，可以将行政程序划分为两种：内部行政程序和外部行政程序。所谓内部行政程序，即行政主体对内部的行政事务所展开的具体运作过程，如行政公文办公的具体程序、行政首长签署的具体程序等。可见，这种程序主要是行政主体通过行政管理系统对外部所实施的程序，行政主体所作出的行政行为可能影响相对人本身的权利与义务、采取一定的行政指导等，这些对于相对人而言意义重大，是履行行政手段过程中所必须遵循的程序，如公安部门对其他部门进行治安处罚就需要遵循相应的内部行政程序。

想要准确区分内部行政程序与外部行政程序，核心是要看行政主体所实施的行政行为与行政相对人是否存在直接的关系。行政程序在外部是不受限制的，但凡与行政相对人之间具有直接关联，行政主体所实施的行为程序都属于外部行政程序。

对上述两种类型的行政程序进行划分的意义，主要是为了对外部行政行为进行强调，重视其法律化与民主化的特征，有效扩大行政相对人对于行政程序的参与、知情、监督等各项权利，从而体现法律体系的公正、科学与合理。

随着国家行政体系以及行政民主的快速发展，内部行政程序逐步实现了公开化与法律化。对于内部与外部行政程序的区分度已经不是十分明显，大部分的行政事务在处理过程中往往既涉及内部行政程序，又涉及外部行政程序，是两者交织、混合的一种结果。因此，不管是对于外部行政程序还是内部行政程序来说,只要法律有明文规定,就必须遵守。否则作为程序上有瑕疵的行为将难以达到预期的法律效果。

(2)根据行政事务处理的对象是否为特定,可以将行政程序分为具体行政程序与抽象行政程序两种。所谓具体行政程序,指的是行政程序本身具有前溯性、具体性,主要是针对特定人、特定事项采取的行为,这种行为的时限特征表现在仅针对既往事件产生法律效力。所谓抽象的行政程序,指的是行政程序具有后继性、普遍性的特点,其一般适用于某一类人或某些事项,这种行为的时限特征表现在仅对未来产生法律效力。

上述两种行政程序相区别的关键,就在于行政程序的适用范围、时限以及频度等。据此可知,这两种行政程序中的抽象行政程序具有普遍性与后继性,是对行为过程的一种监督与控制,而具体行政程序具有具体性、前溯性,强调行政程序的效率、公正、合理等,同时对公民的程序权利给予一定的司法救济。

(3)根据法律法规的明确要求以及规定,行政程序被分为自由、法定两种。所谓自由行政程序,即在法律法规条文中没有给出详细规定与要求的,行政主体在此过程中可以自由选择、决定、裁量的行政程序,这种程序又被称为"任意行政程序"。所谓法定行政程序,顾名思义,即在法律法规条文中给出明确规定的,行政主体必须按照法律规定实施的行政行为,所以又被称为"强制性行政程序"。

对上述两种行政程序进行区分的意义如下所述。

首先,行政程序的立法中必须对涉及行政相对人各种权益的重要行政事项给出明确规定,对于这些规定要求行政主体在实施行政行为的过程中必须进行严格遵守,不可随意选择与改变,更不能违背其中的规定,如果有违背之处,那么这种行为就是无效的。

其次,行政行为主体在实施行政行为中,如果这些行为属于自由行政程序的范畴,那么行政主体可以根据公正、公平、合理的原则,同时根据自身所拥有的权限适当选择和决定。通常而言,行政主体如果违背的是自由行政程序中的相关行为,那么不会直接导致自己的行为后果无效。

强调行政程序的法定性,目的在于不会由于行政主体自由判定或选择行政程序行为而侵害行政相对人所拥有的合法程序权利。

(4)根据行政中各种事务之间所具有的法律关系,可以将行政程序分为行政立法、行政执法、行政裁判三种程序。

行政立法程序又被称为"行政创制程序",其内容十分广泛,行为效力具有后继性,行为的对象也具有不特定性的特征,所以这种行政程序往往十分复杂、严肃、严格,如听证制度、专家论证制度、会议制度、备案制度等,都是行政立法程序中所不可或缺的部分。

行政执法程序又被称为"行政执行程序",主要体现出行政程序行为的效率性原则,同时还需要有效保护行政相对人的合法权益。在行政执行程序中,行政主体的行为对象通常是特定的,内容是具体的,而行为方式则具有多样性,这就导致行政执行程序本身具有多样性以及差异性,如行政许可程序、行政强制执行程序、行政处罚程序等。

行政裁判程序又被称为"行政司法程序",主要针对的是行政行为的对象或当事人之间所产生的争议、纠纷进行判决,这种程序的特点是准司法性,核心就是要最大限度地体现出行政程序所具有的公平、公正特点。

(5)以行政手段的法律性质为标准,可以分为公民参政程序(如选定或者罢免公务员的程序,参加制定或者改、废一定的法律规范的程序等)、统治机关相互之间的程序(如外交程序,对权力机关的程序,对司法机关的程序,行政机关内部的组织程序等)、行政计划决定的相关程序、行政立法的相关程序、具体行政行为的相关程序、无权力性的相关行政决定程序(来自行政机关或机构的鉴定性判断程序)、行政强制执行的相关程序、非权力性行政手段的相关行政程序(任意调查行为程序、斡旋行为程序、调解行为程序、仲裁行为程序、信访相关的处理程序、行政相关的指导程序)、行政合同相关的程序以及单独产生法律效果的一些私人的合法行为(如申报纳税方式中的纳税申报程序等)。

(6)根据行政过程中法律所体现的功能,可以将行政程序分为立案、主张和例证、调查、咨询、合议、决定、审查、笔录、调查书的制作、答复、告知(被告知者若不服可通过一定的方式提起行政诉讼,请求有关国家机关作出裁断)等程序。

(三)行政程序的原则

1. 行政程序法的基本原则

行政程序法的基本原则是指行政主体在实施行政行为的过程中,在程序上所应遵循的基本精神和准则。

由于人们对行政程序乃至行政程序法的理论和实践的认识不同,导致对行政程序法的基本原则具体内容的理解各异。较有说服力的学说大致有如下几种。

有学者提出,由于每个国家所制定的行政程序相关制度是不同的,那么确定这些制度的原则自然也不同,当前世界上各个国家的行政程序制度主要体现的共同基本原则包括公开、公正、效率、行为有据。

有学者提出,第二次世界大战之后,在世界各个国家行政程序法的发展趋势影响下,同时结合我国行政法实施的具体情况,该法的基本原则包括公正、公开、顺序、听证、效率五项。

有的学者认为,时代不同,所实施的行政程序法就不同,该法所依据的基本原则、目标模式等也就不同,当前各个国家行政程序法所体现出的基本原则包括依法行政、基本人权、民主、效率、公正。

还有学者认为,世界上大多数国家的行政程序法中都涉及了程序原则,主要用来对政府的行政行为进行约束,对于我国而言,社会主义行政法学中的程序原则主要体现了社会主义的民主性、效能性、真实性,主要包括程序法定、公正、相对人参与、顺序、时限。

有的学者还认为,为了确保行政程序法的原则对于行政程序的制定与执行具有指导意义,必须确立如下标准。

(1)不能割裂基本原则与行政实体法之间的密切联系。

(2)除了规范行政主体所实施的行政行为,对行政相对人、其他程序参与人的行为也需要作出相应的规定。

(3)行政程序法的基本原则不仅对行政程序的相关法律法规具有统率作用,而且还具有一定的补充功能。

(4)行政程序法的基本原则具有强制性、灵活性。

在上述标准的基础上,有的学者认为行政程序法的基本原则包括合法、合理、参与、顺序、效率几项。

我们认为，上述有的观点将原则与制度保障混为一谈，有的观点将适用于整个行政法领域的基本原则和适用于行政程序法领域的特有原则相混淆，因而不能揭示行政主体实施行政行为过程中，在程序上所应遵循的基本精神和准则。

在我国针对行政程序立法的各个阶段，对行政程序法的基本原则从未停止过讨论。有的学者认为应该对合法、公开、参与、听取相对人意见、公正、做出决定、比例、信赖保护、效率这几项原则都给出具体的规定。有的学者认为需要对依法行政、平衡、参与、公开、正当程序、平等、诚信与信赖保护、比例、效率、救济这几项原则给出具体的规定。虽然上述主张在一定程度上可以确保程序法基本原则的全面性，然而明显忽略了各个原则之间所具有的层次性、交叉性关系，也是不可取的。

2. 行政程序法基本原则的内容

（1）程序公正原则。法律自身所具有的正义性特点的实现往往依赖于程序的公正性。只有程序公正，正确判断和处理事实，选择合适、准确的法律条款，才能做出正确的裁定。可见，程序公正原则是当前任何一个国家行政程序法制定的根本要求。这一原则要求行政主体在实施一定的行政行为时，必须平等对待当事人，避免受到可能导致不平等因素的影响。这一原则在很大程度上体现了宪法中的平等原则。通常而言，程序公正原则大致涉及如下几个方面。

其一，在行政程序的立法过程中，需要赋予行政相对人本应该拥有的行政权力。这是因为，行政相对人在行政程序法中的地位往往是劣势的，他们自身的权益如果不给予相关的法律规定往往得不到应有的保护。因此，要确保行政相对人可以依法维护自身的合法权益，对行政机关进行合理、合法监督，那么就必须在行政程序立法中确立相应的权利和义务，同时也需要为行政机关规定程序上的义务关系，确保行政程序体现出公正、公平的原则。

其二，行政程序法中对行政机关的相关法律规定必须与客观情况相符，即具有操作性、可行性特点。当行政机关被法律赋予行政程序上的裁量权时，行政机关在履行义务时就需要充分考虑所实施的行政行为是否具有可行性。如果缺乏可行性，那么行政机关将不能公正、公平地行使自身的权力，更不能有效维护行政相对人的合法权益。

其三，行政程序中对行政机关所规定的条款必须具有科学性、常规性。通常而言,客观规律可以体现出人类认识客观世界的一般性规律。在选择行政程序时,如果违背了人类认识事物的客观规律性,那么行政机关的行政权力将难以得到有效行使,而且还有可能引起社会大众的不满,这会给行政机关管理社会带来各种各样的困难和问题。对于任何国家的行政机关而言,其自身的行为只有在公正、公平原则的约束下,所实施的行政行为才能被社会大众接受,从而得到他们的支持,最终促使行政权力的顺利行使。

其四,行政程序法的制定必须与社会公共道德相符,具有较大的合理性特征。虽然社会公共道德在强制性方面不能与法律相比,然而这是一个社会得以正常、稳定发展的前提条件。对于社会中的个体而言,其行为不仅受到法律法规的约束,同时也会受到社会公共道德的约束。因此,行政机关所实施的行政行为应该与社会公共道德所体现的精神保持一致,如此才能确保行政行为可以维护社会中大部分人的要求以及利益需求。

其五,行政程序法律法规的制定必须体现出社会大众所拥有的公正心态,表现出正当性。法律的基本价值之一就是公正,这是亘古不变的规则。行政机关的行政行为必须体现出正当性,即需要在公正、公平的心态下行使自己的行政权力。如果行政主体的行政行为不能体现出公正、公平的特点,那么这种行为必然不能被社会大众接受,更无法有效维护行政相对人自身的合法权益。

(2)相对人参与原则。所谓相对人参与原则,指的是从程序上而言,行政相对人有被告知自身所拥有行政行为的合法权益。履行相对人参与这一原则的前提,是行政程序内容的公开,因为如果不公开,就无法实现行政相对人的合法参与。行政程序法的最终目的就在于对行政相对人的合法权益给予有效保护,促使行政主体公正行使行政权力,所以相对人参与原则是实现这一终极目的的一种保障。相对人参与原则所体现出的法律价值在于行政相对人在行政程序中的独立人格主体,并不是随意受行政主体支配的附属客体。

相对人参与原则主要表现在行政相对人所拥有的行政权力上,主要涉及以下几个方面。

获得通知权。所谓获得通知权,指的是行政相对人在合法参与行政程序的情况下,有从行政机关获取何时、何地,通过何种方式参与行政程序的权利。对于行政相对人来说,获得通知是自己的一项权利,那么对于行政机关而言,通知行政相对人就是其中一项法定义务。对于行政相对人而言,获得通知权是其一项重要的程序权利。

由于行政实践本身比较复杂,行政机关在通知行政相对人的时间安排上应该根据不同情况作出不同规定,从而尽量满足行政实践的需要。在我国,虽然《行政处罚法》对于行政处罚听证这一程序应该给行政相对人通知的程序并没有特别规定,不过从大量的行政处罚的实务中可以看出,由于法律对于行政处罚听证程序没有做出具体规定,导致行政机关履行通知义务比较随意。如果行政处罚通知采用《民事诉讼法》中的规定,即采用司法文书的形式,会因为程序比较严格而影响了行政处罚程序的效率。不过相信随着行政程序法的日益完善,未来我国行政程序立法会对这一问题给出具体、明确的规定。行政程序主要包括以下几个方面。

一是陈述权。所谓陈述权,指的是针对行政案件中所涉及的事实情况,行政相对人有向行政机关进行陈述的权利。对于行政案件来说,行政相对人就是当事人,对整个案件的经过都十分熟悉和了解。行政相对人行使陈述权,有助于行政机关全面了解行政案件,把握案件的真实情况,从而准确处理案件。另外,行政相对人行使陈述权,还可以有效维护自身的合法权益。

在陈述案件的过程中,行政相对人有可能会夸大、缩小、隐瞒对自己不利的事实,编造对自己有利的事实,不过行政机关可以通过其他途径对行政相对人的陈述进行求证,从而去伪存真。

行政相对人对案件的陈述将为行政机关准确裁决案件提供大量的证据。通常而言,行政相对人可以提供的证据形式与有物证、书证、视听资料等是不同的。后者一般是行政机关在对行政案件的调查中形成的,是案件发生之后的证据。但行政相对人因为是案件的直接参与者,因而对于案件的处理具有直接的利害关系。不过,行政相对人提供的证据与物证、书证、视听资料等证据相比较而言,其证明的效力相对较弱,因为后者是在行政案件发生的过程中形成的,是一种客观存在。

行政相对人本身拥有陈述权的行使受到一定条件的限制,即必须在行政程序进行的过程中行使,在行政程序开始之前以及结束之后都不能再行使这项权利。如果在行政程序进行的过程中,行政相对人由于一些客观原因无法行使自己的陈述权,那么可以找代理人帮助其行使。如果找不到代理人,并且行政程序中确实需要行政相对人行使这项权利,那么行政机关可以暂时停止行政程序，等待阻碍行政相对人行使陈述权的客观障碍消失之后，再继续这项行政程序。

二是抗辩权。所谓抗辩权，指的是针对行政机关对自己的不利指控，行政相对人根据自己所掌握的事实向行政机关提出反驳，从而在法律层面上减轻行政机关对自己的不利指控。行政相对人行使这项权利的法律基础是，行政机关通过行政权力限制、剥夺行政相对人所拥有的自由权利、财产权利等，此时行政相对人就拥有了抗辩权。

行使抗辩权的前提是获得通知权利。获得通知权利可以让行政相对人获取行政机关对自己做出的不利决定，进而对行政机关的不利决定提出反驳。如果行政机关对于自己做出的对行政相对人不利的决定并未通知给行政相对人，那么行政相对人就会丧失抗辩对象，也就无法有效行使自己所拥有的抗辩权。从本质上而言，抗辩权属于一种防卫权，这是公民的一项基本权利。

三是申请权。所谓申请权，即行政相对人请求行政机关启动行政程序的一项权利。对于行政相对人而言，行使这一项程序权利的主要目的在于维护自己的合法权利。只有通过这一权利的行使，行政相对人才能拥有行政程序的主体资格。在现代法治社会，之所以重视行政程序的实施，是因为在行政程序中行政相对人不再处于被行政机关随意支配的地位，而是成为一种约束行政机关的外在力量。行政相对人所拥有的申请权，可以让其了解行政机关如何行使行政权力的具体过程，以避免行政机关在行使自身权益过程中的随意性。通常而言，行政程序中的申请权可以分解为如下层面。

①听证请求权。行政相对人通过听证这一权利表达自己的意愿，进而达到维护自身合法权益的目的。因此，当行政机关根据一定的事实和依据告知行政相对人将要做出何种决定时，行政相对人有权利要求行政机关在听取自己的意见之后再做出决定。行政相对人拥有听证的权利，并自主决定是否行使，这有助于行政相对人自愿接受不利于自己的行政决定。

②回避请求权。程序公正性的一个体现是当裁决与行政官员有关的争议时，行政官员进行回避。在行政程序的实施过程中，如果行政相对人认为案件的裁定与行政机关的某一行政主体有关，那么行政相对人就可以行使回避请求权，即要求与行政案件中裁决争议相关的行政主体回避。这项行政权利的意义在于，将影响行政案件公正裁定的行政主体

排除在行政程序之外，消除行政相对人对程序不公正所产生的怀疑。如果行政机关驳回行政相对人所行使的回避请求权，那么就需要说明理由。

③卷宗阅览请求权。这项权利指的是行政相对人有权利要求行政机关将卷宗交给自己查阅。通常而言，卷宗是行政机关裁决的主要依据，行政相对人通过查阅卷宗可以对行政裁决有所了解，进而通过一定的事实依据主张自己的抗辩不利指控权利。

④复议请求权。当行政相对人对行政机关所作出的决定或行政行为表示不服时，可以行使复议请求权，即要求复议机关重新审查行政案件。复议程序属于行政系统内部，是一种层级监督制度，可以有效帮助行政机关自我纠错。通常而言，复议机关不可主动参与到下一级行政机关的行政行为中，目的在于保护行政机关在行使行政职权中的积极性、主动性。行政相对人拥有是否启动复议程序的权利，是因为行政相对人是最了解自己的合法权益是否被侵害，是否必须通过复议程序来避免对自己合法权益的侵害。

（3）效率原则。所谓效率原则，指的是行政程序中所涉及行为的方式、步骤、时限、顺序的设置，都应该确保基本行政效率的实现，同时还需要在维护行政相对人合法权益的前提下提高行政效率。行政效率对于行政法以及行政程序而言是很重要的，如果没有效率，行政程序就无法实现维护社会基本秩序的功能。不过，也不能过分强调行政的效率原则，因为这往往会损害行政相对人所拥有的合法权益。行政程序法的效率原则的内涵涉及以下几个方面。

其一，行政行为效率的提高必须建立在维护行政相对人合法权益的基础上。

其二，行政效率提高的前提是遵循公平原则。效率原则一般通过如下行政程序进行体现。

①时效性。所谓时效性，指的是行政机关的行政主体在法定期限内不作为，进而超出法定期限产生不利的法律后果。根据行政程序法的相关规定可知，如果行政机关在法定期限内没有行使自己的职权，法定期限届满后就不得再行使，同时还需要承担相应的行政责任。如果行政相对人在法定期限内没有行使自己的权利，那么就丧失了这项权利，同时也需要承担相应的法律后果。

②代理。所谓代理，指的是行政程序的行政主体、行政相对人等，如果无法履行自己的法定义务，那么可依法由代理人代理自己履行。这项

权利有一个前提条件,即一项法定义务本身具有可替代性,如果不具有可替代性,那么就不得行使代理权利。代理制度的法律意义主要体现在督促行政机关及时履行行政职责,不可懈怠;督促行政相对人自觉履行自己的法律义务,从而在一定程度上提高行政执行的效率性。

③不停止执行。所谓不停止执行,指的是行政相对人由于不服行政决定而提起复议或诉讼,在没有法律给出特别规定的前提下,被行政相对人质疑的行政行为必须执行。这项法律制度的意义在于行政行为被撤销后,行政相对人可以通过恢复自己的权利来确保行政行为得以快速执行,以确保行政行为的效率性。

二、行政赔偿

行政赔偿,又称“行政赔偿责任”,属于国家赔偿的范畴,是指当行政主体由于公务行为而给公民、法人或者其他组织的合法权益带来损害时,由国家来承担的赔偿责任。所以,行政赔偿的主体涉及两类,即请求人与义务机关。

(一)行政赔偿的要件

所谓行政赔偿的要件,又称行政赔偿的“构成要件”,是指构成行政赔偿责任的一般条件。只有当具备这些条件时,才能产生行政赔偿责任。换句话说,如果不具备这些条件,则行政赔偿责任就无法产生。

1. 主体要件

主体要件是指国家承担行政赔偿责任必须具备的主体条件,主要解决国家应对哪些主体的侵权行为承担赔偿责任的问题。根据《中华人民共和国国家赔偿法》的规定,行政机关工作人员、行政机关、受委托的组织和个人、被授权组织均属于我国行政赔偿责任的主体范围。

主体要件是一个形式或范围要件,它只是表明在这个范围内的主体所实施的侵权行为,可以由国家来承担损害赔偿责任。主体要件的实质,实际上是要揭示职务或公务行为的主体范围与特征。也就是说,按照我国的法律制度和理论,哪些主体可以成为实施国家机关行为的主体,只要能够成为实施行政机关行为的主体,当然可以成为国家赔偿责任的主体要件，成为国家侵权行为的主体。

在具体的实践中，国家的赔偿法教材和著述都把国家机关和国家机关工作人员分别作为国家侵权行为的主体，这种表述是基于国家赔偿法有“国家机关和国家机关工作人员”的表述。这种表述无非是反映了实施行为的具体主体，有时是表现为工作机关，有时是表现为工作人员，前者如一份行政决定书，后者如某工作人员拦车检查等。如果从法律意义上看，所谓工作人员这个主体，最终是不存在的。因为所有职权行为虽然都是由一定的工作人员来实施的，但所代表的都是机关的行为意思，而非个人的意思。离开了机关的工作人员是不存在的，同样，离开了工作人员的机关也是不存在的。

另外，就目前我国的国家赔偿制度而言，行政机关这个主体也不是全部的。由于国家赔偿法在范围上的有限性，实际上成为行政赔偿责任侵权主体的只有行政机关，军事行政机关不在该主体范围之内。当然这不是主体的问题，而是范围的问题。

2. 行为要件

行为要件，是指国家承担行政赔偿责任必须具备的行为条件，即国家对侵权主体实施的何种行为承担赔偿责任。一般涉及行为的职务性与违法性等两个方面。

（1）职务上的行为。行政赔偿责任的承担不是对个人或私人行为的承担，而必须是对职务上的行为承担。这就是行为要件的第一项内容。按照国家赔偿法有关条文的规定，所谓职务上的行为须是“行使职权”“在行使行政职权时”和“行使职权时”的行为。同时还规定，“与行使职权无关的个人行为”不应由国家承担赔偿责任。从这些规定表述和国家赔偿的实践来看，行政赔偿行为要件中的职务上的行为，是职务行为和与执行职务有关的事实行为。

①职务上的行为必须是基于概括的职权所为。也就是说，是在履行职务、执行公务，是根源于其合法享有的职权。这是职务上行为的出发点，也是职务上行为的核心。所有由国家承担行政赔偿责任的行为，都具有围绕着职权、根源于职权的本质特征。离开了这个本质，也就谈不上职务上的行为，赔偿责任也就不可能由国家来承担了。所以，如果某个团体根本就没有任何行政职权，没有实施职务上行为的根据，也就不可能有职务上的行为。

行政机关所享有的职权,都是特定的和有范围的,没有也不可能有抽象的职权。那么,如果某一行政机关实施的行为可能完全超出了其职权范围,在这种情形下是否也是本于职权的职务上的行为呢?我们认为,在界定行政赔偿责任的职务上的行为时,要着眼于概括的职权而不是限于具体范围的特定职权,只要该行为是行使职权(尽管它也许没有这方面的权限),是出于履行公务的目的,就符合职权所谓的特征,就是职务上的行为,国家就应对其行为承担赔偿责任。

②职务上的行为发生在履行职务、行使职权的过程中。一般来说,职务上的行为是存在于履行职务、行使职权过程之中的,如果不是在这一过程中,也就不是在履行职务或行使职权。所以这个标准,是一个形式标准或范围标准。但是这个形式标准或范围标准,也揭示出了职务行为的时间和程序特征,是我们在实践中判断职务上行为的一个非常重要的标准。所以,国家赔偿法在规定行政赔偿范围和刑事赔偿范围时,使用了"在行使职权时"的行为这个概念,以期能够从范围、时间、程序方面作些界定、限制。

这个概念还揭示出了职务行为的另一个特征,就是职务行为不仅限于职务或职权决定行为本身,还包括有与职务、职权有关的事实行为。这些事实行为是执行职务整个过程中的行为内容或环节,发生在执行职务过程之中,同样具有执行职务行为的特征,属于国家承担赔偿责任的行为范围。

③职务上的行为是与行使职权有关的行为。是否与行使职权、履行职务有关,是衡量职务上行为的内容特征,所有能够由国家承担赔偿责任的行为,之所以要由国家来承担赔偿责任,说到底是因为这是一种"公"的责任,是由于有"公"的行为造成了损害。而行为是不是"公",关键在于它是否与职务、职权有关。如果有关,就是在履行职务,就是在行使职权;如果无关,就不是在履行职务,就不是在行使职权。因为,与职权无关的行为,按照国家赔偿法的规定,就是个人行为。国家当然不会对个人行为造成的损害承担赔偿责任。

(2)行为违法。行为违法是行政赔偿的归责原则,也是国家承担赔偿责任的重要构成要件,因此行政机关职务行为违法是行为要件中的另一项重要内容。从世界各国制度看,行为违法,至少是或仍然是部分国家赔偿责任的构成要件之一。在我国法律中,行为违法仍然是国家赔偿责任的重要构成要件。根据现行法律,如果国家机关对公民带来损失的行为并不违反法律，那么国家没有义务承担赔偿责任。

作为行政赔偿责任构成要件的"违法"，应当作广义的解释而不应当作狭义的理解。实践中存在的问题是，人们经常按行政诉讼法第五十四条的规定来理解"违法"，即适用法律法规错误、主要证据不足、违反法定程序、超越职权、不履行法定职责、行政处罚显失公正、滥用职权。由于行政诉讼中的这种违法是要经由法院通过行政诉讼程序来判决认定的，所以，就形成了行政赔偿责任的承担事事都要经过行政诉讼程序的局面（除非行政机关自己承认自己的行为违法并且愿意赔偿）。受害人一般是要先通过行政诉讼程序，打赢了官司，法院判决认定行政机关的行为违法，再提起行政赔偿程序。从理论上讲，司法审查标准的违法，是建立在是否需要否定行政行为效力的衡量基础上，即使行政行为与法律规定不一致，甚至相违背，也不一定都要认定为违法并撤销。如违反法定程序，就有一个违反的程序是什么内容和该内容的地位作用，以及所违背的程度等问题的考量。而行政赔偿责任中的违法，则在已经造成损害的基础上考虑是否有可归责于行为主体的事由。很明显，行政赔偿责任中的违法，是侧重于受害人损失的救济，行政诉讼中作为司法审查标准的行为违法，则侧重于对行政行为的评价和效力。二者的出发点不同，本来就不完全是一回事，用行政诉讼法第五十四条的违法标准来理解行政赔偿构成要件的违法，是狭隘的、不正确的。

3. 结果要件

所谓结果要件，是指对公民、法人或其他组织的权益带来客观损害的结果。从法律角度来看，任何赔偿责任，本质上都是对损害的弥补，如果没有损害，当然也就不会有弥补损害的赔偿责任，所以，损害是赔偿的前提条件。

在对损害结果进行法律上的判定时，应综合考虑以下几个因素。

（1）损害是对权益造成的损害。国家赔偿法分别使用了"权益"和"权利"的概念，按照理论通说，权益的范围似乎更为广泛一些，包括权利和相应的合法利益。我们认为，"权益"也罢，"权利"也罢，无非是表达这样一种意思：主体实际上所享有、拥有、持有的权利、利益、自由等。权利或利益可以表现为物质形态，也可以表现为非物质形态，而自由则以主体的意思自治或自主决定为核心。

（2）损害是对合法权益造成的损害。所谓"合法"，是指法律没有明确禁止拥有、享有、持有的利益，或者在法律程序上没有被取消、剥夺、宣布为他人的权利、利益等，该实际享有人、拥有人或持有人的权利、利益就是“合法”的。如因涉嫌走私被扣押的车辆，如果扣押行为被认定为违法，那么该被扣押车辆应当返还赔偿。除非该车辆在此前已经被法定程序宣布为走私车辆（非法利益）。又如，警察在抓赌时没收了现场的货币，如果该没收行为被宣布为违法（或许只是程序违法），这些货币又没有在以前的程序中被宣布为非法利益，也应当返还。小偷所得的赃物、赃款，贪官污吏所收受的赃款等，在没有经过法定程序宣布为赃款、赃物以前，法律上我们不能认定为是赃款、赃物，而是他们的“合法”利益。当然，没收毒品的情形就不同了，毒品是法律明令禁止人们持有的物品，公民持有毒品被没收，即使该没收行为因为种种原因被宣布为违法，毒品也不应当返还。因为它不是“合法”利益，而是所谓的“违禁品”。

（3）损害是一种结果状态。根据国家赔偿法的规定，这种结果状态包括以下几类。

第一，可获得权益的丧失。如身体伤害中的误工损失，是应当获得权益的丧失，而不是已经获得权益的减损。这种可获得权益的丧失，按照国家赔偿法目前的规定，是以法律规定为限的，并不具有一般的意义。

第二，对现有或已有权益的减损，即损失。如造成身体伤害的，已经支出的医疗费就是现有财产的减损。

第三，将来必然发生的财产支付义务。如造成人员死亡的，还要负担由被死亡人抚养的无劳动能力人的生活费。

第四，损害目前只限于对人身权和财产权所造成的损害，其他方面权益的损害不在行政赔偿责任所负担的损害范围之内。

4. 因果关系要件

所谓因果关系要件，是指国家机关职务上的行为与损害结果之间具有法律上的因果关系。这种因果关系是归责于侵权行为主体的客观根据，也是行政赔偿责任不可或缺的构成要件之一。

关于法律上因果关系的理解，法学理论有以下几种学说。

（1）重要条件说。在形成结果的诸多条件中，有些条件是次要的条件，有些则是实质性质或最重要的条件。此外，在损害结果的发生过程中，不同条件所起的作用也是不同的。因此，应将原因确定为在损害结果中起重要作用的条件，而其余条件则认定为条件。

（2）所谓条件说。条件说又称“无限制说”或“条件即原因说”，其基本观点是各种条件都是损害发生的原因。具体来说，在致使损害结果发生的各种条件中，缺乏其中的任何一个条件，该损害结果都不会发生，因此造成损害的所有条件都具有同等价值。条件说的公式是：如无此行为，则无彼损害，此行为则为彼损害的原因。

（3）盖然因果关系说。根据这一学说，如果被告能够证明不存在因果关系，就认定不存在因果关系；如果被告不能证明不存在因果关系，就应当认定存在有因果关系。换句话说，受害人只要能够证明损害行为与损害结果之间存在相当程度因果关系的可能性，就应由被告进行反证。

（4）相当因果关系说。这一学说又称“适当条件说”，即如果在特定情形下由于某种原因而发生某种结果，并不能据此断定二者存在因果关系。如果依照当时当地的社会观念，即使在一般情形下也能够发生这样的结果，才可以认定为存在因果关系。

在法律层面上，因果关系从来不是一成不变的。在确定基本要素之后，常随着具体环境与案件类型的不同而有所侧重。另外，法律上因果关系的分析，是在联系中进行判断的，而不是孤立要件的认定。因此，以上学说都有一定的合理性和可借鉴之处。在具体的国家赔偿实践中，可以将案件的类型、特点作为出发点来对因果关系进行不同角度的判断。经过综合考虑后，相当（条件）因果关系是更为合理的学说，也就是把在发生结果中起重要作用的条件作为法律上的因果。

例如，甲的房屋在民事诉讼中被法院查封（法院查封时已经通知了房地产主管机关），甲隐瞒事实将该房卖给乙，乙同意在房地产主管机关办好房产过户手续后再付款。后来因房地产主管机关未保留法院查封的通知，办理房产过户的人员不知道该房已经被查封，即为甲和乙办理了房产过户手续。法院知道被查封的房屋已经被过户后即通知房地产主管机关，房地产主管机关即要求乙将房产证交还，乙不同意，房地产主管机关随即发出公告将该房产证注销。后法院根据民事判决将该房屋执行给了公民丙。此时，甲已死亡，无财产可供赔偿。乙提起行政赔偿诉讼要求房地产主管机关赔偿他的财产损失。在这个案件中，房屋是法院执行走的，房款是交给甲的，但是房地产主管机关的办证行为是造成这一损害的条件，而且是重要的条件。因为依照房屋买卖合同和房屋交易的规定，房产交易必须在交易“场内”进行，要房地产主管机关审查过户(再付款)。如果没有这个“场内”交易和房产过户行为,就没有房产交易的实际履行。所以,按照该机关审查和办理手续行为在该过程中的作用来看,是重要条件无疑,构成法律上的因果关系。

另外,有一个问题值得探讨,那就是关于盖然因果关系。理论上把盖然因果关系说,与其他因果关系说并列为因果关系的几种基本类型。实际上,盖然因果关系说所涉及的因果关系理论,与其说是因果关系的类型,还不如说是证明因果关系的责任类型。因此,盖然因果关系完全可以和其他因果关系类型并存或同时适用。例如,我们在适用相当因果关系的时候,可以根据案件的实质和特点,用盖然因果关系的方法来解决案件中因果关系的认定问题。

在不作为行为引起的国家赔偿责任中,不作为事实上就是没有实施任何行为,只是法律拟制的行为。拟制行为与作为行为这种事实上存在的行为,在因果关系上是不同的。在不作为情形下,是第三人的作为侵权行为直接造成了损害结果,而并非不作为行为直接造成了受害人的权益损失。行政机关的不作为,是没有预防、没有阻止侵权行为的发生和没有消除或者没有减轻损害后果的发生。理论上甚至有人认为,在不作为赔偿责任中,就没有真正意义上的因果关系。其实,如果说不作为行为是一种拟制行为的话,那么其因果关系也是一种法律上拟制的因果关系,这种因果关系是不能等同于作为行为下的因果关系的。我们应当注意这二者的区别。

(二)行政赔偿的程序

简单来说,行政赔偿程序就是行政赔偿责任的实现程序。在这一程序的进行过程中,主要涉及请求人提出行政赔偿的程序、义务机关受理和处理赔偿请求的程序、行政复议程序、诉讼程序和执行程序等。

1. 行政赔偿提出程序

受害人在法律上有要求获得行政赔偿的实体权利,在程序上当然也就有通过法律程序实现其赔偿请求的权利。在行政诉讼法和国家赔偿法的规定中,行政赔偿的提出程序有以下几种程序路径。

(1)向赔偿义务机关提出的程序

按照国家赔偿法关于“赔偿请求人要求赔偿应当先向赔偿义务机

关提出”的规定，行政赔偿的提出程序首先是向赔偿义务机关（加害机关或侵权机关）提出行政赔偿要求，由赔偿义务机关与请求人进行先行处理。这个程序是为赔偿义务机关与请求人之间设立的自行处理行政赔偿事项的程序，如果在这个程序中，行政赔偿纠纷能够得到解决，行政赔偿程序就此终了，自然就没有必要再继续进行下一步程序。

请求人必须向赔偿义务机关提出行政赔偿请求，这是一个必经程序。也就是说，请求人不能没有经过这个程序就直接进入下一步纠纷解决程序，因此这个程序也是法定程序。但是，这个法定程序的适用范围是有限的或有条件的。这个条件或范围限制就是，请求人单独就行政赔偿事项提出要求。也就是说，只要请求人是单独就行政赔偿事项提出要求，没有涉及对造成损害的公务行为的合法审查复议或诉讼的，就必须先向赔偿义务机关提出要求。

这种单独提出行政赔偿要求的情况主要有两种。

①请求人没有对公务行为提出合法性审查的复议或诉讼，在程序上只要求义务机关赔偿其损害，即只要求赔偿，没有要求撤销行政主体的公务行为，也没有要求确认行政主体的公务行为违法。

②请求人在其他程序中已经提出并解决了行政主体公务行为的违法性问题，现在后另行单独提出行政赔偿要求。这种情况在实践中是多数，有不少人是先打“行为官司”，再打赔偿官司的。

如果请求人单独要求行政赔偿，则法定的必经程序是向赔偿义务机关提出行政赔偿要求。如果不是单独要求行政赔偿，同时还提出了撤销公务行为或确认违法要求的，就得按照行为之诉的程序进行了。但即便是行为之诉，请求人也可以先向赔偿义务机关提出行政赔偿的要求，按照本程序进行，这是请求人的权利和选择，而不是法定程序。

（2）一并向行政复议机关提出的程序

当行政赔偿的请求不是单独提出，而是在行政复议请求中一并提出的时候，该行政赔偿请求可以不经过向先赔偿义务机关提出的程序，直接在行政复议程序中提出和解决。这种程序就是理论上的所谓附带提出行政赔偿要求。根据国家赔偿法，赔偿请求人“也可以在申请行政复议时一并提出”行政赔偿要求。这是附带提出程序，也叫一并提出程序。就是在提出行政复议申请中，一并提出行政赔偿要求。当然，这个行政赔偿要求的一并提出，前提是行为的同一性，即在行政复议中要求撤销的行为，就是造成损害要求赔偿的行为。如果不是同一个行为而是两个行为，就不存在于一并程序中提出的问题，更不可能在一并程序中解决问题。

从法律上讲，公民、法人或其他组织向行政复议机关提出行政赔偿要求时，既可以是在提出行政复议申请的当时就一并提出，也可以是在行政复议程序进行之中提出，即在行政复议决定还没有作出决定以前提出。

（3）一并向法院提出的程序

向法院提出行政赔偿要求的程序是指在行政诉讼程序中，公民、法人或其他组织直接向法院提出诉讼请求，要求行政诉讼一并处理和判决行政赔偿，解决行政赔偿纠纷。

公民、法人或其他组织在什么情况下可以直接向法院提出行政赔偿要求呢？就是行政赔偿的要求与行为之诉的要求都已经提出，而该行为之诉的要求，按照法律规定，可以直接进入行政诉讼程序。所以，行政赔偿要求直接进入行政诉讼程序中，实际上是行为之诉附带的结果。也就是说，由于行为之诉直接进入了行政诉讼程序，一并提出的行政赔偿要求，也就"跟着"直接进入了行政诉讼程序。与行政复议程序一样，向法院提出行政赔偿诉讼请求的，可以在起诉当时一并提出，也可以在行政诉讼程序进行中提出。根据司法解释，提起行政诉讼后至人民法院一审庭审结束前，行政案件的原告可以提出行政赔偿请求。

2. 行政赔偿的处理程序

（1）先行处理程序

从理论上来讲，先行处理程序是指公民、法人或其他组织先向赔偿义务机关提出行政赔偿请求以处理赔偿事项的程序。

概括来说，所谓先行处理程序就是请求人先向赔偿义务机关提出、协商和决定赔偿内容的程序。在这一程序中，当事人双方自行处理赔偿事宜。一般来说，自行处理能够有效及时地解决赔偿事项，免去进一步复议、诉讼的过程，节省法律资源，便利当事人，也有利于及时稳定社会关系。所以，很多国家的法律都规定了先行处理程序。

在先行处理程序中，赔偿请求由请求人提出，且请求人必须向赔偿义务机关提出，不能向其他机关提出。若只有一个赔偿义务机关，则请求人应向该赔偿义务机关提出；若赔偿义务机关有一个以上，则请求人可以向任何一个赔偿义务机关或各赔偿义务机关提出。此外，如果请求人其中一个赔偿义务机关提出赔偿请求时，如果属于共同赔偿义务机关的情形，则该被请求机关在法律上有义务不能只承担一定份额的赔偿义务，而是应先将全部的赔偿义务承担起来。所以国家赔偿法第十条规定："赔偿请求人可以向共同赔偿义务机关中的任何一个赔偿义务机关要求赔偿，该赔偿义务机关应当先予赔偿。"但是，这种情况只适用于几个赔偿义务机关共同承担相同的赔偿义务的情形。如果几个机关分别实施了不同的职权行为，造成了不同的权益损害，则不属于共同赔偿义务机关，不适用该条的规定。如劳动局查封了一个企业的经营场所，同一天公安局也因同一事由查封了该经营场所，公安局在 7 天以后解除了自己的查封，而劳动局则继续查封该场所一年。事后，被查封企业提出行政赔偿请求，就一年查封所造成的损失申请行政赔偿，不能只对公安局提出，而应当分别向公安局和劳动局提出赔偿请求。

在先行处理程序中，所要处理的事项当然是行政赔偿事项，也就是解决赔偿还是不赔偿、赔偿多少等问题。如果按照国家赔偿法所规定的行政赔偿条件或前提来讲，不仅限于此内容，还应包括所有决定行政赔偿的条件、因素及赔偿结果本身。如行政主体的行为是否违法，是否有因果关系，请求人本人是否也有一定的过错，是否属于赔偿范围，是否符合赔偿方式和赔偿程度，请求人是不是合格的赔偿请求人，等等。对于这些内容的先行处理，双方可以自行协商或由赔偿义务机关单方面作出处理决定。处理的内容和形式只要不违反法律的禁止性规定，都是合法、有效的。例如，国家赔偿法在行政赔偿责任形式上没有规定补偿责任形式，只规定了赔偿责任形式，在实践中有的案件就是以"补偿"名义来了结的。又如，国家赔偿法没有规定精神损害赔偿，但是实践中，行政机关与受害人之间先行处理方案中，就有精神损害赔偿的数额。在国家赔偿法规定的行政赔偿前提条件中，违法是必需的条件，是归责原则，但是在先行处理程序中有的机关与受害人之间达成的赔偿协议，就没有涉及国家机关行为是否违法或回避了是否违法的重要问题。这些做法，是否违法无效呢？其实这些做法并不违反法律的禁止性规定，是当事人之间自行协商处理的结果，为法律所允许，应当承认其有效性。当然，如果不是协商而是由行政主体单方面作出决定的话，则必须按照上述规定办理，否则就是违法。

先行处理程序中有行政主体行为是否违法的内容，这种行为违法与否的问题是要由赔偿义务机关来依法确认的，这就有了行政赔偿程序中的确认程序问题。

（2）确认程序

行政赔偿中的确认程序，就是由赔偿义务机关、行政复议机关及法院依法定标准确认造成受害人权益损害行为是否违法的程序。由于国家赔偿法规定的国家赔偿责任的归责原则是违法原则，所以在行政赔偿责任的承担方面，必须要有该行为违法的前提，否则，是没有国家赔偿责任产生的。即国家赔偿法第九条的规定："赔偿义务机关有本法第三条、第四条规定情形之一的，应当给予赔偿。"而第三条和第四条的规定都要有违法的前提。

行政赔偿的确认程序，与司法赔偿的确认程序不同，它可以在先行处理程序中确认，可以在一并提起的行政复议程序中确认，也可以在一并提起的行政诉讼程序中确认。也就是说，它可以由赔偿义务机关自己确认，也可以由赔偿义务机关以外的复议机关或人民法院来确认。这在一定程度上可以避免由于自己确认自己行为违法的消极态度而给受害人权益保护所带来的阻碍。

行政赔偿的确认程序，可以是独立进行的一套程序，也可以是非独立性的程序。因为确认程序所要解决的问题就是侵权行为是否违法，而并不涉及其他问题（如侵权行为与损害后果之间是否有因果关系、请求人的资格是否合格等），所以是否需要单独的确认程序来确认该行为是否违法，取决于该行为是否已经被合法确认为违法。如果该行为未经过合法程序确认是否违法，那么，要想获得行政赔偿，就必须首先回答该行为是否违法这个前提问题，在这种情况下，必须在先行处理程序中进行确认，由赔偿义务机关来确认该（自己的）行为是否违法。如果赔偿请求人在未要求行政赔偿以前，已经经过了行政复议程序或行政诉讼程序，而行政复议和行政诉讼又不可避免地要审查行政行为，并最终在法律上回答该行政行为是不是违法行为等问题，那么，赔偿请求人在复议和诉讼以后再申请行政赔偿的，就完全没有必要再对该行为进行确认，只需以复议或诉讼中的违法确认为前提来申请行政赔偿。在这种情况下，所谓确认程序实际上成为确认的事实前提，不再具有单独进行的必要。

单独提起的行政赔偿程序中要求确认行为违法的，实践中主要适用于事实行为。诸如在执行职务中的打人行为、损坏财产行为、侮辱言行等这些事实行为，经常是没有输入行政复议和行政诉讼程序中的，复议机关和法院有时也不会接受仅仅是对于事实行为申请的行政复议和提起的行政诉讼。所以,单独要求确认行为违法的情形经常是适用于事实行为之中。

（3）行政复议程序

行政赔偿的请求,依照法律规定,行政复议机关在行政复议程序中,可以一并解决行政行为是否违法的问题,也可以一并解决损害赔偿责任问题。复议当中对违法行为的确认,其形式可以是宣布该行为违法,也可以是撤销该行为,或者是变更该行为。无论是哪一种情形,只要在是否违法问题上的评价是否定的(认为行为违反了法律),就属于所谓的违法确认。具体来说就是,对行为违法的评价,可以在复议决定的结论中单独出现,也可以作为撤销或变更的理由出现。

（4）行政诉讼程序

与行政复议程序中附随行政赔偿请求一样,行政诉讼程序中也可以一并处理行政赔偿请求。按照法律的相关规定,根据行政诉讼程序对行政赔偿事项进行处理时,有两种情况:一种是附随于行政行为提起的行政诉讼,另外一种是单独向赔偿义务机关申请行政赔偿,如果不服行政机关作出的行政赔偿决定,可单独就此提起行政赔偿诉讼。无论属于哪种情况,法院都有权在诉讼程序中对行政赔偿的事项做出全面决定,如行政行为是否违法,行政机关是否应当及在什么程度上承担行政赔偿责任。

3. 行政赔偿的执行程序

由于行政赔偿纠纷的解决有几种不同的程序和形式,所以,相应的执行程序规定也不完全相同。

赔偿义务机关作出的行政赔偿决定或者行政赔偿义务机关与公民、法人或其他组织达成的行政赔偿调解协议,行政赔偿义务机关应当执行。然而,目前的法律中没有对这种协议和决定申请强制执行的规定,也就是说,如果行政赔偿义务机关拒不履行协议内容或执行赔偿决定,公民、法人或其他组织还是必须按照申请行政赔偿的程序继续进行,该复议的复议,该诉讼的诉讼等,不能直接进入执行程序。

在复议决定中,如果行政复议机关对行政赔偿事项一并解决并作出行政复议决定的,该行政复议决定发生法律效力后,行政赔偿义务机关依法应当履行该复议决定。对于义务机关不履行或者拖延履行行政赔偿义务的,公民、法人或其他组织既可提出履行要求,也可向其上级行政机关进行申诉,行政复议机关或者有关上级行政机关应当作出责令限期履行的决定。在这种情况下,法律设定了复议机关和上级机关的监督机制,通过复议机关和上级机关的责令监督程序来保障行政赔偿复议决定的执行。根据行政诉讼法的规定,公民、法人或其他组织不服复议决定的,申请人可以在复议期满之日起十五日内向人民法院提起诉讼,法律另有规定的除外。

法院作出的有关行政赔偿的法律文书主要包括行政赔偿裁定书、行政赔偿判决书、行政赔偿调解协议书。这些法律文书发生法律效力后,任何一方当事人都必须履行。按照司法解释,或一方当事人拒绝履行,则对方当事人可向人民法院提出强制执行的申请,按照强制执行的程序和方法进行。需要注意的是,申请法院执行有一定的期限。具体来说,如果申请人是公民,其期限为一年,如果申请人是法人或其他组织,则期限为六个月。

4. 行政追偿程序

国家赔偿法规定了行政追偿制度,就是在赔偿义务机关履行行政赔偿义务以后,可以在一定条件下向有责任的工作人员进行赔偿额范围的追偿。这种追偿制度在很多国家的行政赔偿制度中都有,其目的在于落实责任和惩戒工作人员。

行政追偿是有条件的而不是无条件的,必须是有关工作人员存在有主观上的故意或重大过失,如果没有这种主观上的故意或重大过失,就不能实行追偿;另外,必须是赔偿义务机关已经履行了行政赔偿义务,即已发还了财物或支付了赔偿金等,如果还没有实际履行行政赔偿义务,不能进行行政追偿。在法律上,行政赔偿和行政追偿是两个不同的制度和法律关系,后者以前者为前提条件,实践中存在的那种将行政赔偿义务直接转化为工作人员个人义务的做法,既不合法也不公平。行政追偿的数额是在行政赔偿数额的范围之内,按照国家赔偿法的规定,行政赔偿义务机关可以让工作人员承担部分或者全部行政赔偿费用。因此,这个追偿数额的决定权是掌握在行政赔偿义务机关手中的。行政赔偿义务机关应当根据工作人员的主观情况、造成损害后果的情况、工作人员的工资收入情况等综合因素,作出追偿数额的决定。

国家赔偿法规定的行政追偿是“责令”形式,而没有具体规定行政追偿的程序,在实践中发生的行政追偿事例,多是按照行政机关的内部程序进行的。而行政机关内部程序究竟该怎么进行追偿?如果进行追偿后工作人员不服又该如何保护工作人员的权益?这些具体制度和程序,目前都没有规定,这是一个不足。这种不足在行政追偿不多、象征意义大于实际意义的情况下,表现得不明显;一旦进行行政追偿,尤其是进行大数额或全数额的追偿,这种程序上的不足就会暴露得非常明显。所以,建立和完善行政追偿程序,是行政赔偿程序制度的一项重要内容,不可忽视。

第四节 行政复议与行政补偿

一、行政复议研究

我国行政复议制度是伴随着当代民主政治的成长进步而制定的,由行政复议机关自身扮演化解行政纠纷的角色,以此不断增强行政机关自我监督、自我纠错的功能,这也为行政相对人寻求行政救济增添了一种行之有效的法律途径。行政复议系统在保障行政申请人的合法权益、监管行政权力的合法施行方面作出了重要的贡献。

(一)行政复议的概念

所谓行政复议,是指行政相对人(公民、法人和其他组织)不服行政主体的行政行为,依法向行政复议机关提出申请,请求重新审查并纠正原行政行为,行政复议机关据此对原行政行为是否合法、适当进行审查并做出决定的法律制度。

(二)行政复议的原则

行政复议基本原则,是指由《中华人民共和国行政复议法》确立和体现的、反映行政复议基本特点,贯穿于行政复议全过程,并对行政复议起规范和指导作用的基本行为准则。行政复议基本原则集中体现了行政复议法的基本精神和实质,突出表达了复议制度的特征。行政复议基本原则有下列几项。

(1)合法原则。行政复议上的合法原则,系指履行复议职责的主体必须合法,审理复议案件的依据必须合法,以及审理复议案件的程序必须合法。

(2)公正、公开原则。复议上的公正与公开,是要求行政复议机关在审理复议案件中,做到公平正直,没有偏私,复议依据与程序公开。

(3)及时原则。复议上的及时原则,是指复议机关应当在法律许可的期限内,以效率为目标,完成复议案件审理工作的一项基本行为准则。

(4)便民原则。复议上的便民原则,要求行政复议活动方便行政相对人获得该种行政救济。

二、行政补偿

(一)行政补偿的必要性

简单来说,行政补偿就是指个体人为公共利益所遭受特别损害时给予的弥补。行政补偿的必要性主要体现在以下三个方面。

1.保障公民财产权

民法学者认为:“私人财产权是对抗国家权力的工具,只有对个人支配的财产赋予排除一切人(包括国家权力)的干预,人的自由意志才有一个安全的空间。就如康德所言:确认财产权是划定一个保护我们免于压迫的私人领域的第一步。”[①] 公法学者从宪法关系角度来阐述财产权的重要性,认为宪法意义上的财产权是公民对国家的权利,反映着公民与国家在宪法秩序中的关系。

在现代社会国家,随着国家权力对社会生活的全面影响,这种防御权具体表现为两种形式:一是防御国家权力的不法侵害,主要通过国家赔偿制度加以保障;二是抵抗国家权力(主要是行政权)的合法侵害,具

① 江平.民法学[M].北京:中国政法大学出版社,2007.

体通过行政补偿制度来实现。①

行政补偿目的并不在于降低公权力的地位，而是要将私权利提到一个新的高度，将财产权这一私权利作为一种独立于公权力的利益加以保护。在我国过分强调公共利益的社会中，私人的财产权正是需要特殊保护的对象，因为面对强大的公权力公民的财产权显得尤为孱弱。

2. 协调公益与私益

法律所具有的功能之一就是利益的协调，不同法律制度协调的利益对象不同，私法协调的是平等主体之间的利益，公法协调的是国家和个人之间的利益关系。因此，公法领域行政补偿是协调个人利益和公共利益的平衡器。

行政补偿是因为政府的合法行为给相对人造成的特别损害而给予的弥补，这种损害与其他一般的合法性损害有很大的区别。例如，税收从本质上讲也是一种政府基于公权力对相对人造成的损害，而且这种损害是根据法律作出的，即合法的，但是不会因为征税而对于相对人给予行政补偿。原因就在于这种损害的本身是普通的（所谓普通的是针对上述特殊而言），也就是具有普遍性，税收这种具体行政行为的做出已经考虑到相对人承担能力和在社会中的受益程度，因此对税收制度本身而言已经满足了“公共负担平等原则”。而因为公共利益给相对人造成的特别损害，这种损害从程度上已经超过公民所应负担的“平等份额”。为了缓解公共利益和私人利益的冲突，对私人利益所受损害超过其应负担的部分给予行政补偿。

有学者指出：“无论是英美法系国家还是大陆法系国家，行政法最根本的问题都是在协调公共利益和个人利益之间的冲突，从现代各国的行政法状况来看，无论是立法者、执法者还是司法者，都不再在两者之间发生冲突时，当然地认为公共利益优先还是私人利益优先。进行利益衡量成为立法、执法、司法的基本方法，而衡量的结果正是为了实现两者之间的平衡。”② 当公共利益和个人利益发生冲突时，行政主体为了公共利益的需要，合法侵害了相对人利益，使相对人承担了特别损害，此时，发生了第一次失衡结果，但是为了弥补这种失衡，行政机关针对相

① 王太高．行政补偿制度研究［M］．北京：北京大学出版社，2004．
② 甘文．行政与法律的一般原理［M］．北京：中国法制出版社，2002．

对人损害作出补偿，产生第二次失衡。综观行政行为整个过程，两次失衡的结果都达到了最终的平衡。可见，行政补偿不仅仅是对私人利益的弥补，同时也为依法行政起到重要推动作用。

3. 保持政府公信力

随着社会的发展，社会关系变得愈加复杂。而政府面对纷繁复杂的社会，根据传统的“有限政府理论”，要求政府只能限于消极行政已经不再适应社会变化。现代国家职能开始由消极行政向积极行政转变，随之而来的行政权力扩张成了必然。尤其是我国政府对社会的渗透力极强，因此合法行政行为损害公民权益的现象更是屡见不鲜，何况行政主体有时又有“维护公共利益”的面纱，所以严格规范行政权力的边界，对合法行政行为造成相对人的损害本着公平原则给予补偿成为必要。一个政府要想提高其行政效率离不开社会公众的支持和配合，公众支持政府行政行为是基于其对行政行为公正性的认同。如果，一个政府对于其行为导致的相对人的损害不能有效补偿，公众就会对行政主体的公信力表示怀疑，使公众缺乏对于行政行为本身公正性的信任。最终导致公众抵触行政主体的一切活动，并对行政主体产生反感，甚至是发生恶性抵制行政主体行为的事件。世界上鲜有不损害公民权益的政府，但政府侵害公民权益之后能积极做出行政补偿，就能得到民众的信任，从而获得长久的生命力。反之，政府在侵害相对人权益之后将公民拒之门外，从而助长了行政主体打着“公共利益”旗号恣意妄为的气焰，最终将在民众心目中失去公信力。

（二）行政补偿的具体方式

1. 金钱补偿

金钱补偿是很多国家最常用的行政补偿方式，我国也不例外，对于财产征收、征用、特定行政活动致害、房屋拆迁等都主要采取金钱补偿的方式。例如，《中华人民共和国土地管理法》第四十七条即规定了征收耕地的补偿费用包括土地补偿费、安置补助费、青苗的补偿费。此外，在《国有土地上房屋征收与补偿条例》《中华人民共和国电力法》等法律、法规中都体现了金钱补偿的方式。

2. 实物补偿

对相对人进行补偿时，采取同等条件和性能的实物在我国也有较广泛的规定和应用。我国规定的实物补偿方式主要包括房屋产权调换、调剂土地、开垦新耕地、外迁等。例如，在《国有土地上房屋征收与补偿条例》第二十一条第一款即规定：“被征收人可以选择货币补偿，也可以选择房屋产权调换。”《南水北调工程建设征地补偿和移民安置暂行办法》第七条规定：“受工程占地和淹没影响的村集体经济组织，所余土地不能保证该组织恢复原有生产水平的，由地方人民政府负责协调和规划，就近调剂土地或开垦新的耕地，如就近难以调剂土地或者开垦新的耕地，应规划移民外迁安置。”

3. 政策性补偿

政策性补偿也称“间接补偿”，是具有我国特色的行政补偿方式，其具体表现方式多种多样，主要可以分为以下几类。

（1）减免税费

例如，《长江三峡工程建设移民条例》第三十六条规定：“为安置农村移民开发的土地和新办的企业，在征收农业税、农林特产税、企业所得税等方面，按照国家有关规定给予免税或者减税优惠，具体办法由国务院有关主管部门另行规定。”

（2）对生产经营活动予以照顾、支持

例如，为促进库区和移民安置区经济社会发展，使移民生活水平不断提高，国家发展改革委等十四部门就发出了《关于促进库区和移民安置区经济社会发展的通知》，其中就包含了要求各级有关部门要将库区和移民安置区经济社会发展项目纳入各相关行业规划和计划，予以重点支持和优先安排的内容。

（3）在教育、就业、医疗等民生问题上予以照顾

例如，《四川省保护和奖励见义勇为条例》第十八条规定：“见义勇为牺牲人员的配偶、子女及其扶养的亲属，在工作、学习、生产、生活中确有困难的，当地人民政府和有关部门、单位应给予重点照顾和帮助。”

第四章

刑事法律知识

刑法是中国特色社会主义法律体系中十分重要的部门法之一。弄清楚刑法法律知识的各个方面,可以从技术上防止人民无所适从,防止政府权力滥用。在工具理性的意义上,为刑法的有效实施创造必要的前提与条件。

第一节　刑法的原则与任务

一、刑法的基本原则

（一）罪刑法定原则

1. 罪之法定

罪之法定是刑之法定的基本前提。罪之法定主要是通过以下三个层次的内容体现出来：（1）刑法第十三条对犯罪作了完整、科学的定义，为区分罪与非罪的界限确定了原则性的标准；（2）刑法第十四至十八条规定了犯罪构成的条件，为认定犯罪提供了一般标准；（3）刑法分则条文对各种具体犯罪都作了明文规定，从而为司法实践的定罪活动提供了具体标准。

2. 刑之法定

刑之法定是罪之法定的后续和延伸，也是罪刑法定原则在刑事立法中的重要内容。刑之法定主要是通过以下三个层次的内容体现出来的：（1）刑法总则中对刑罚种类的规定；（2）刑法总则中对量刑一般原则和量刑具体原则的规定；（3）刑法分则对具体犯罪的法定刑的规定。罪刑法定原则的意义不仅在于立法，还在于司法实践中如何贯彻其立法精神。

从我国刑事司法的历史和现实情况看，对于罪刑法定原则的实际贯彻，必须注意以下三个问题：（1）正确认识罪刑法定原则的意义，转变陈旧落后的司法理念；（2）正确认定犯罪和判处刑罚；（3）正确、合理地解释刑法。

（二）刑法面前人人平等原则

从法理上讲，刑法面前人人平等原则包括立法平等和司法平等两个方面。其中，立法平等是司法平等的前提和基础。但由于立法上的平等已经体现在刑法的规定中，因而刑法第四条规定了一项司法原则，强调的是任何人在适用刑法上的平等。

刑法面前人人平等原则贯穿于刑事司法的全过程，它要求刑事司法必须做到定罪平等、量刑平等和行刑平等。

定罪平等即对任何人的行为，在确定其是否构成犯罪、构成何种犯罪时，都适用相同的定罪标准追究刑事责任。对没有犯罪的任何人，也必须平等对待，而不能随意追究其刑事责任。

量刑平等即对犯有相同的罪且社会危害性程度相当者，适用相同的量刑标准，同罪同罚。

行刑平等即在执行刑罚时，对犯罪的社会危害性程度、主观恶性程度相当者，给予相同的刑罚处理；对在执行过程中有相同的悔改、立功表现者，予以相同的减刑或假释。

（三）罪责刑相适应原则

罪责刑相适应原则也称为罪刑均衡原则。罪刑均衡的思想古已有之，但作为一项刑法基本原则，则是欧洲近代启蒙思想家们针对封建专制制度下的滥施刑罚、随意入罪的司法专横现象，大力倡导的结果。这一原则早期的思想基础是社会的公平正义观念。其后出现的功利主义刑法理论又从预防犯罪、防卫社会的功利角度来看待刑罚，为罪责刑相适应原则提供了一种新的理论视角。从这一角度看，罪责刑相适应原则的意义在于，保障刑罚预防犯罪的功能得到充分发挥。这是罪责刑相适应原则的另一重要思想基础。应当说，无论是从公平正义的观念，还是从预防犯罪的角度看，罪责刑相适应原则都具有重要意义，因而为各国刑法所公认，也被我国刑法所确立。刑法第五条规定："刑罚的轻重，应当与犯罪分子所犯罪行和承担的刑事责任相适应。"这条规定就是罪责刑相适应原则。

罪责刑相适应原则的含义是指犯重罪，并且在应承担较重的刑事责任时，就应处以重刑；犯轻罪，并且在应承担较轻的刑事责任时，就应处以轻刑。也可以概括为：重罪重责重刑，轻罪轻责轻刑，罪责刑相称，罚当其罪责。也就是说，刑罚的轻重，首先要与犯罪行为的性质和社会危害性的严重程度相适应；其次要与犯罪人所承担的刑事责任相适应。

二、刑法的任务

刑法的任务，是指刑法在各部门法的分工中所承担的具体责任。刑法第二条明确规定："中华人民共和国刑法的任务，是用刑罚同一切犯罪行为作斗争，以保卫国家安全，保卫人民民主专政的政权和社会主义制度，保护国有财产和劳动群众集体所有的财产，保护公民私人所有的财产，保护公民的人身权利、民主权利和其他权利，维护社会秩序、经济秩序，保障社会主义建设事业的顺利进行。"[①] 这一规定具有以下内涵：

（一）同犯罪行为作斗争是刑法的基本任务

这是刑法在部门法的分工中所承担的特定责任，也是刑法区别于其他部门法的一个重要特点。

（二）刑法同犯罪行为作斗争的基本手段是刑罚

同犯罪行为作斗争是一项系统性的综合治理工程，包括政治的、经济的、行政的、法律的、教育的等多种途径和手段。与一般的政治、经济、行政、教育等手段不同，刑法是使用刑罚手段惩罚犯罪，以剥夺、限制犯罪分子再犯罪的能力和条件，教育、改造犯罪人，并教育其他社会成员，预防、减少犯罪的发生。这表明了刑法在同犯罪行为作斗争的综合治理工程中的独特作用。

（三）刑法同犯罪行为作斗争服务于保护人民这一根本的立法目的，即实现对人民群众各项权益的保护

这些权益主要包括以下几个方面：一是国家安全、人民民主专政的

① 在刑法中明确规定刑法的任务，我国尚属世界首例。

政权和社会主义制度，这是广大人民共同的根本利益之所在。二是国家财产、劳动群众集体所有的财产和公民私人所有的财产，这是社会主义经济基础和人民群众物质生活的保障。三是公民的人身权利、民主权利和其他权利，这是每个社会成员平等、自由地参与社会生活，充分实现自身价值的基本前提。四是良好的社会秩序、经济秩序，这是广大人民群众的各项权益得以实现、社会主义建设事业得以顺利进行的社会环境条件。

综上所述，刑法的任务是用刑罚同犯罪行为作斗争，以维护正常的社会关系和社会秩序，保护国家和人民的利益。在实现上述刑法任务的过程中，应正确处理惩罚犯罪与保障权利的关系。从根本上说，惩罚犯罪与保障权利是统一的，保障权利是惩罚犯罪的目的，惩罚犯罪是保障民众权利的一种手段。但两者之间又存在矛盾和冲突，即为了充分有效地惩罚犯罪而导致对无辜者权利的侵害或者损害犯罪嫌疑人的合法权益，或者相反，为避免错误地使用刑法侵害公民的权利，而不得不放弃对某些犯罪的惩罚。这种矛盾是司法实践始终需要面对的问题，这是因为，那种既有效地惩罚一切犯罪，又绝对不损害公民合法权利的理想的司法状态是难以实现的。重要的是，要最大限度地平衡、协调好两者之间的关系，防止两种错误倾向：一是只注重惩罚犯罪，为惩罚而惩罚，甚至为惩罚犯罪而不惜侵害公民的权利，其结果是使目的屈从于手段，使保护合法权益的国家权力成为损害公民权利的力量。这是目前司法机关中存在的一种主要的错误倾向。二是奢谈权利保障，过分强调对国家司法权力的制约而忽视对犯罪的惩治，其结果是放纵了违法犯罪，使合法权益失去了有效的法律保护。应当看到的是，惩罚犯罪与保障权利之间的协调与平衡只具有相对的意义。不同国家，不同时期的刑法在惩罚犯罪与保障权利之间往往会有所侧重。从刑法发展的整个历史趋势看，刑法的权利保障机制经历着一个由弱到强的发展过程，在现代法治社会，人类对司法领域的权利保障越来越重视，当出现惩罚犯罪与权利保障不能两全的情况时，应当选择的是后者。这是因为，犯罪是已然的事实，对犯罪行为的处罚已不可能挽回犯罪对合法权利造成的损失，而只能起到一定的防患于未然的作用。这种情况下，为了惩罚一个嫌疑人，而不惜错误使用刑法侵害公民权利危险的做法，是背离刑法根本目的的。

第二节　犯罪的特征与构成

一、犯罪的特征

我国刑法中的犯罪具有以下三个基本特征。

（一）犯罪是危害社会的行为，即犯罪具有一定的社会危害性

所谓社会危害性，是指行为对我们社会主义国家和人民的利益造成或者可能造成一定的损害。行为的社会危害性是犯罪的最本质的特征。在我们国家里，什么样的行为具有社会危害性呢？根据刑法第十条的规定，主要有四个方面：（1）一切危害国家主权和领土完整，危害人民民主政权和社会主义制度的行为。（2）侵犯全民所有的财产、侵犯劳动群众集体所有的财产以及侵犯公民私人所有的合法财产的行为。（3）侵犯公民的人身权利、民主权利和其他权利的行为。（4）其他危害社会秩序的行为。这四个方面概括地反映了在我国犯罪的社会危害性的基本内容。行为人侵害了其中的任何一个方面，都是对我国法治关系的侵犯，都是具有社会危害性的行为。如果行为人的行为，不具有社会危害性，就不能认为是犯罪。根据刑法第十三条的规定，某种行为虽然具有一定的社会危害性，但是情节显著轻微危害不大的，也不认为是犯罪。

（二）犯罪是违反刑法的行为，即具有刑事违法性

社会危害性是犯罪的本质特征，但不是犯罪的唯一特征。要确定某一种行为是否构成犯罪，不但要从社会的角度观察是否有社会危害性，而且还要从法律的角度观察是否有刑事违法性。我国的法律是各种各样的。行为违反了民事法规，叫民事违法行为；违反了行政法规，叫行政违法行为。这些违法行为对社会虽然也有一定的危害性，而且也有违

法性,但不构成犯罪。只有违反了刑法才构成犯罪。因此,刑事违法性是犯罪的又一重要特征。在司法实践中,行为人盗窃了少量财物,属于违反治安管理处罚条例的行为,就按治安管理处罚条例处理。只有盗窃公私财物数额较大的,才构成刑法中的盗窃罪,按刑法的规定判处刑罚。因此,当行为不仅具有社会危害性,而且违反了刑法,具有刑事违法性,才有可能认定为犯罪。

(三)犯罪是应受刑罚处罚的行为,即具有应受惩罚性

任何违法行为,都要承担相应的法律后果。如民事违法行为要受民事强制处分,如损害赔偿、返还原物等,行政违法行为,要受行政处分,如警告、记过、撤职等。对于违反刑法的犯罪行为来说,则要承担刑罚处罚的法律后果。刑罚处罚,是行为的社会危害性和刑事违法性的必然结果,这也是犯罪行为区别于其他违法行为的重要标志。因此,应受刑罚处罚也是犯罪的一个基本特征。刑罚处罚是国家行使司法权力对违法行为所实行的一种最严厉的强制方法。如果某一行为不应当受刑罚处罚,也就意味着它不是犯罪。

以上犯罪的三个基本特征是互相联系,不可分割的。它构成了完整的犯罪概念。把握犯罪概念,对于正确认定犯罪,区分罪与非罪的界限,具有重要意义。

二、犯罪构成

(一)犯罪构成的概念

我国刑法中的犯罪构成,是指依照刑法的规定,决定某一具体行为的社会危害性及其程度,而为该行为构成犯罪或成立犯罪所必须具备的一切主观要件和客观要件的有机统一。

犯罪概念与犯罪构成是抽象与具体的关系。犯罪概念是对各种犯罪现象的本质特征和法律特征的科学抽象与概括,它本身并不能直接解决司法实践中所必需的认定犯罪的具体标准问题。换言之,犯罪概念只能说明犯罪行为是具有社会危害性、刑事违法性和应受刑罚惩罚的行

为。而依靠犯罪构成,就可用具体的构成要件为标准,来判断哪些行为是具有社会危害性、刑事违法性和应受刑罚惩罚的犯罪行为。犯罪概念和犯罪构成既相互联系又相互区别,相辅相成,共同为正确的认定犯罪服务。

(二)犯罪构成的要件

犯罪构成的要件,是指成立(或构成)犯罪所必须具备的条件。从认识论的角度看,可以将犯罪构成的要件区分为犯罪构成的共同要件和犯罪构成的具体要件。

关于犯罪构成的共同要件,我国刑法学界的通说认为具有以下四个方面的内容,亦即任何犯罪的成立,都必须具备以下四个共同要素。

(1)犯罪客体,是指我国刑法所保护而为犯罪行为所侵犯的社会关系。

(2)犯罪客观方面,是指刑法所规定的,说明行为对某种客体造成侵害的客观事实特征。它包括人所实施的危害社会的行为、一定的危害社会的结果等。

(3)犯罪主体,是指实施危害社会的行为并且依法应承担刑事责任的人。

(4)犯罪主观方面,是指犯罪主体对其实施的危害行为及其结果所抱的心理态度。

第三节　刑罚的体系与种类

一、刑罚体系

(一)刑罚体系的概念

刑罚体系,是指由刑法所规定的并按照一定次序排列的各种刑罚方法的总称。

刑罚体系，是刑法规定的各种不同的刑罚方法构成的统一体，这些不同刑罚方法按照一定顺序由轻到重或由重到轻排列，具有严谨的内部结构，形成了一个有机的整体，从而能够有效地发挥刑罚的功能，实现刑罚的效果，达到刑罚的目的。

刑罚体系的内容，包括一个国家的刑罚制度中包含多少种刑罚措施，每种刑罚在刑事立法中占据什么样的地位，在刑事司法中适用的比例如何，以及各种具体的刑罚之间的相互关系，等等。刑罚是统治阶级为了维护其阶级利益和统治秩序而采用的惩罚犯罪的一种法律强制方法，而且是国家强制中最严厉的一种法律制裁。刑罚又有轻重之分，这是由犯罪及其危害程度的不同而决定的。重罪重惩、轻罪轻罚，在中国刑法史上称作“刑罚不怒罚”。在现代刑法理论上叫“罪刑相适应”或“罪刑相当”。正因为如此，各国都根据其当时犯罪性质情节，对社会造成的危害程度以及犯罪人的认罪服法的态度，在刑事立法上制定出轻重不同的刑罚方法，并将这些轻重不同的刑罚方法按照一定顺序排列成完整系统而形成的刑罚体系。

（二）我国刑罚体系的特点

1. 主次分明，轻重衔接，适应同各种不同犯罪作斗争的需要

我国的刑罚由主刑与附加刑构成了一个完整的体系。我国刑罚体系的建立，完全符合我国的国情，并具有一定的科学性。具体表现为：在我国的刑罚体系中，包括各种属性不同的刑罚方法，有生命刑、自由刑、财产刑、资格刑等，这各种不同的刑罚方法能够适应各种不同的犯罪和各种不同状况的犯罪分子。这种多层次的刑罚方法，能够较好地适应同各种不同犯罪作斗争的需要；我国的刑罚体系完整、结构严谨，有主刑和附加刑，且主附彼此区分、主次分明、轻重衔接、互相配合、比例适当并按照由轻到重的次序排列。

2. 体现了惩办与宽大相结合、惩罚与教育改造相结合的原则

惩办与宽大相结合、惩罚与教育改造相结合是我国刑罚体系建立的依据。尽管我国刑罚体系中还保留了死刑这一严厉的刑罚方法，以便惩

罚少数罪行极其严重的犯罪分子,但是法律对死刑的适用作出了严格的限制性规定。对于不适用死刑的犯罪分子,根据其罪行、情节的轻重,分别适用管制、拘役、有期徒刑、无期徒刑,对他们实行劳动改造,把他们改造成为自食其力的劳动者,改恶从善的新人。这种有严有宽、宽严相济的规定体现了我国刑罚体系惩办与宽大、惩罚与教育改造相结合的原则。

3. 体现了社会主义人道主义精神

我国的刑罚体系是以自由刑为核心,完全排除了侮辱犯人人格和残酷虐待犯人身体健康的刑罚。虽然还有死刑,但从犯罪主体情节、核准程序执行方法以及实行死缓制度上,对死刑的适用作了严格控制,保证了刑罚方法上的人道主义。对被判处剥夺自由刑的犯罪分子也都给以社会主义人道主义待遇,比如,对犯罪分子实行劳动改造时,禁止对其侮辱打骂、体罚虐待。对拘役犯可允许每月回家一天至两天,参加劳动的酌量发给报酬。对判处管制的犯罪分子实行同工同酬。所有这些都充分体现了我国刑罚体系的社会主义人道主义精神。

4. 体现了依靠专门机关与人民群众相结合的同犯罪作斗争的方针

我国刑罚体系中的管制刑,以及缓刑、假释的适用,就是将犯罪分子置于人民群众的监督之下,在国家专门机关的管束中改造犯罪人的一种刑罚,体现了依靠专门机关与人民群众相结合的同犯罪作斗争的方针。

二、刑罚体系的分类

我国现行的刑罚体系是在长期同犯罪作斗争中产生并逐步发展和完善的。主刑是只能独立适用而不能附加适用的刑罚。它包括死刑、无期徒刑、有期徒刑、拘役、管制五种。附加刑是既可独立适用也可附加适用的刑罚。它包括罚金、剥夺政治权利、没收财产三种。此外,刑法第三十五条还规定,对于犯罪的外国人可以独立适用或者附加适用驱逐出境。由此可见,驱逐出境,也是一种附加刑。

（一）死刑

我国现行刑法中规定可以适用死刑之罪的共有40个条文，61个罪名。尽管立法中死刑的适用面比较宽，但立法又对死刑的适用作了严格限制。例如，刑法第四十八条规定："死刑只适用于罪行极其严重的犯罪分子。对于应当判处死刑的犯罪分子，如果不是必须立即执行的，可以判处死刑同时宣告缓期二年执行。"刑法第四十九条规定："犯罪的时候不满十八周岁的人和审判的时候怀孕的妇女，不适用死刑。"

（二）无期徒刑

无期徒刑的适用范围比死刑广泛得多，但我国刑法对无期徒刑的适用仍作了严格限制。刑法规定可判处无期徒刑的犯罪分子也都是危害相当严重的重大犯罪分子。

（三）有期徒刑

有期徒刑在我国刑罚体系中占据着中心地位，适用范围较为广泛，我国刑法分则中的每一种犯罪都规定了有期徒刑。在司法实践中，有期徒刑也是适用最普遍的刑种。

（四）拘役

从我国刑法的规定来看，拘役的适用范围比较广，刑法对大部分犯罪案件都规定了拘役刑，但在司法实践中拘役的适用量微乎其微。

（五）管制

从我国刑法的规定来看，可判处管制的罪名占总罪名的一半以上。但是，在司法实践中极少使用管制刑。

（六）罚金

罚金刑在我国几乎仅适用于贪财图利的犯罪。修改后的我国刑法中经济犯罪的条文大大增加了，因此罚金刑在我国刑法中的适用范围也比过去有所扩大。刑法分则规定可以判处罚金的有140个条文，涉及176个罪名，占分则定罪量刑条文的45.1%。

（七）剥夺政治权利

剥夺政治权利既可附加适用于危害国家安全、故意杀人、强奸、放火、爆炸、投毒、抢劫等严重破坏秩序犯罪，应判处死刑、无期徒刑的犯罪人，又可对一些较轻的犯罪独立适用，但在司法实践中单独适用这种刑罚的情况很少。

（八）没收财产

没收财产在我国刑法中仅适用于危害较大的图利性犯罪，其适用范围较为狭窄。

第四节　正当防卫与防卫过当

一、正当防卫

（一）正当防卫的概念与构成

在我国刑法当中，正当防卫是一项非常重要的制度，是法律给予公民与违法犯罪行为作斗争的重要法律武器，当公民的人身、财产和其他权利受到非法侵犯时，公民有权进行正当防卫。其目的是保护社会公共利益和公民的合法权利不受正在进行的非法侵害。

1. 正当防卫的概念

正当防卫的标准定义在我国法律文件中第一次正式出现，源自1911年1月25日制定的《大清新刑律》，而现代意义上的正当防卫概念则来自我国现行刑法。正当防卫是指面临不法侵害实施制止不法侵害的行为，对不法侵害人造成危害的，属于正当防卫，不负刑事责任。除了对正当防卫概念的规定有初步的认知外，还应了解它所蕴含的深层次含义。首先，我们要认识到，正义的人无须向违法者低头，公民对不法侵害采取防卫是法律赋予公民的权利。其次，应当注意的是，其行为具有侵害性，防卫权利的行使必然会对不法侵害人的权益造成损害。最后，正当防卫目的的合法性制约着正当防卫手段的合法性。如果某一行为没有保护正当权益，而是损害了正当权益，就不可能建立正当防卫。

正当防卫是刑法中的一项重要设计，纵观世界各国的刑事立法，都规定了正当防卫行为，而且还规定了防卫过当的情形。虽然各国对于正当防卫行为的正当性原理认识不一，但不管是德国的二元论还是我国的优越利益保护和社会相当性原理，归根结底都是为了保障在面对不法侵害时防卫人能够实施防卫行为。但是，正当防卫行为并不是没有限度的，在认定防卫行为的时间限度条件方面还存在诸多问题，比如正当防卫与事前防卫、事后防卫的关系，对此我们将逐一进行分析。《中华人民共和国刑法》第二十条规定："为了使国家、公共利益、本人或者他人的人身、财产和其他权利免受正在进行的不法侵害，而采取的制止不法侵害的行为，对不法侵害人造成损害的，属于正当防卫，不负刑事责任。正当防卫明显超过必要限度造成重大损害的，应当负刑事责任，但是应当减轻或者免除处罚。对正在进行行凶、杀人、抢劫、强奸、绑架以及其他严重危及人身安全的暴力犯罪，采取防卫行为，造成不法侵害人伤亡的，不属于防卫过当，不负刑事责任。"从我国刑法第二十条的规定中可以看出，我国刑法对于正当防卫行为规定了相应的限制条件，只有符合在我国刑法有关正当防卫行为限度内的防卫行为才是正当防卫行为，否则便是防卫过当，甚至构成其他类型的犯罪行为。那么我们不妨先从正当防卫行为的正当合理性出发，再对我国刑法中关于成立正当防卫行为的限度条件进行概括，并进一步对问题最多、争议最多的时间限度条件进行分析和解读。

2. 正当防卫的构成

正当防卫的构成要件一共有五个,从时间条件、起因条件、限度条件、主观条件、对象条件五个方面具体规定了是否构成正当防卫。具体五个方面构成要件如下所示。

一是时间条件。时间条件是指对正在进行不法侵害进行防御时的一段时间。对于“正在进行”的理解,一般认为是指非法侵害的持续时间,即已经开始而没有结束。如何界定正当防卫的起止时间对正当防卫的司法认定非常重要,然而我国司法解释或立法对这两个时刻都没有明文规定。

二是对象条件。正当防卫只有针对侵害人本人防卫,才能去制止侵害行为,法益才能得到有效保护。如果我们对除非法侵害人以外的其他人进行反击,不法侵害就不能得到有效制止,即使在共同侵害的情况下,我们也会客观地反击不法侵害人。至于如何制止非法侵害人实施不法侵害,防卫人不仅可以直接针对非法侵害人的人身进行反击,还可以通过其他方式对不法侵害人进行反击,只要能够达到促使非法侵害人结束非法侵害行为的目的。

三是起因条件。不法侵害必须客观存在,倘若在案件中不法侵害并不是客观存在的,这样一来正当防卫也就无从说起,正当防卫的起因理当具备三个特征,分别为不法性、社会危害性、现实性等三个特征。

四是主观条件。防卫人具有防卫认识和防卫意识,应当知道自己是在防止某些非法侵害行为的发生,并且是出于保护国家、社会和公共利益以及个人合法权益的动机。

五是限度条件。防卫限度就是为了制止不法侵害所需要的必要限度。首先,要求不应该明显超过必要的限制,但对于明显超出的内容和必要限制的范围没有相应的解释。其次,造成重大损害,对重大伤害的认识没有相应的标准。这种情况使得在司法实践中难以适用,我国刑法理论界对如何确定正当防卫的限度存在很大争议。

(二)正当防卫的原理

纵观当今世界各国的刑事立法实践,无不在刑事法律中规定了正当防卫制度,体现了当今世界各国对于正当防卫行为的肯定和保护。那么,为什么世界各国在刑事立法中都要保护正当防卫行为呢？或者说正当防卫行为在法理上具有何种正当性原理呢？为此,我们不妨参考有关国外刑法理论学界关于正当防卫正当化的典型学说,并结合我国的刑事立法和司法现状,探究我国正当防卫的正当性理论。

德国二元论：个人保全原理与法确证原理。在德国刑法理论学界中,对于正当防卫行为的正当性原理,通常采用个人保全原理与法确证原理相结合的二元论。

第一种学说观点叫作个人保全,个人保全原理的核心在于受到不法侵害的被侵害人可以采取一系列必要的手段和措施来保护自己的个人权益。但从当今世界各国的刑事立法实践来看,都普遍规定和认可了为第三人的利益和公共利益进行正当防卫的正当性和合理性,而个人保全原理则不能很好地解决这一问题。而且个人保全原理也并没有直接对正当防卫行为的限度做出合理的解释,这一点与当今世界各国的刑事立法实践普遍规定了正当防卫行为的防卫过当情形的做法不相符合,或者说无法提供有力的理论支撑。

第二种学说观点是法确证原理,其认为不法侵害行为直接侵害了法的秩序和尊严,而正当防卫行为达到了维护法的秩序和尊严的效果,所以具有了正当性和合理性,正当防卫行为不需要进行利益衡量。同时,一个国家建立和维持良好的法律秩序的也是为了维护个人的利益,所以这就给出于保护第三人利益和公共利益而进行的正当防卫行为提供了正当性和合理性支撑。但同时法确证原理也存在一定的弊端和漏洞,那就是法确证原理过于强调法律秩序的维护而忽略了利益衡量,而法确证原理中对于法律秩序的概念过于空洞,没有对正当防卫行为设立限度,在实践中容易造成法益失衡。所以只有将正当防卫的根基建立在个人保护和法维护这两者之上,采取二元论的观点,才能正确把握正当防卫行为的正当化依据。

优越的利益保护原理和社会相当性原理。我国刑法理论学界形成一套独特的具有中国特色的关于正当防卫行为正当化的理论,即优越的利益保护原理和社会相当性原理。

优越的利益保护,也就是说相对于实施不法侵害行为人的权益,被侵害人的权益具有质的优越性,所以在面对不法侵害行为的时候,而且当被侵害人在无法及时有效地获得国家公权力的保护情况下,被侵害人便可以通过自己的力量采取防卫的行为保护自身的权益。而且基于被侵害权益的优越地位，除了本人的权益受不法侵害的情形可以进行正当防卫，当被侵害的权益是国家、公共利益，他人的人身、财产和其他权利时，防卫人也可以就这些权益进行正当防卫。

但是应当注意的一点是，被侵害人的利益具有质的优越性并不意味着其防卫行为没有必要的限度，反而是在优越的权益限度内，防卫行为才具有正当性。那么，对于具有道德瑕疵的人是否享有防卫权呢？笔者认为其也应当享有防卫权，只是对其防卫权所适用的限度条件应该更为严格。这也就是社会相当性原理所要说明的问题，也就是说被侵害人采取防卫行为，其限度要与不法侵害行为的危害程度具有相当性，即使被侵害人的利益具有质的优越性也不能为了保护较小的权益而采取防卫行为造成更大权益的损害，但是在实际操作中对于限度的认定存在诸多争议，那么下面对于这些争议将会进行更加详细的分析。

（三）正当防卫的成立条件

根据我国刑法第二十条的规定、我国刑法理论中的优越的利益保护和社会相当性原理以及德国二元论原理，我们可以从中提炼总结出我国刑法对于成立正当防卫行为所必需的条件，即防卫意图、防卫起因、防卫对象、防卫方法和防卫时间。

防卫意图，即防卫想要达成的效果，就是为了使国家、公共利益、本人或者他人的人身、财产和其他权利免受不法侵害；防卫起因，即有不法侵害者进行不法侵害行为；防卫对象，即防卫行为所指向的目标，也就是不法侵害行为人；防卫时间和防卫方法，前者即防卫人在何时可以进行防卫行为，后者即防卫人为了达成防卫意图、制止不法侵害行为所要采取的措施，这也是成立正当防卫行为最重要的两个条件，同时对于二者的必要限度也是刑法理论界和司法实务界在认定正当防卫过程中争议最多的两个问题，为此，在下文中对正当防卫的时间限度方面经常引起争议的几个问题进行更深层次的解读和分析。

（四）正当防卫的时间限度

正当防卫的时间限度，这是在认定正当防卫行为时极易引起争议的问题。从我国刑法第二十条第一款的规定来看，必须是针对正在进行的不法侵害行为采取的防卫行为才可以构成正当防卫行为，与此相对应的便是事后防卫与事前防卫。然而，在我国的司法实践中，在认定是否成立正当防卫行为时，经常认为“只有暴力侵害发生的一刹那，才能实行防卫”，这显然是不正确的。那么对于正当防卫的时间限度应当如何进行把握和确定呢？

1. 正当防卫与事后防卫

侵害行为是否正在进行的判断。正当防卫与事后防卫的区别在于进行防卫时侵害行为是否正在进行，也就是说对二者进行区分的关键就在于如何判断侵害行为已经停止。事后防卫实际上多为报复性的侵害，在不法侵害行为结束后，被侵害人再继续进行防卫行为实际上已经超过了防卫的时间限度，而且这种事后防卫多为故意犯罪。在司法实践中，对于正当防卫时间限度的认定也是饱含争议，如何正确地认定侵害行为是否正在进行，合理有效地对正当防卫与事后防卫进行区分，影响着刑法适用的效果，避免正当防卫的制度设计沦为形式，这是正当防卫时间限度的重要性所在。

例如，王某持甩棍、刀具，深夜翻墙闯入邻居李某的家中，双方发生冲突。冲突中，王某倒地后两次欲起身，李某父母担心其起身实施侵害，就连续先后用菜刀、木棍击打王某，直至王某不再动弹，王某遭李某一家三口合力反杀。案发后，王某一家三口因涉嫌故意杀人罪，其父母被批准逮捕，羁押于看守所，王某被取保候审。最终，李某一家三口的行为被认定为正当防卫，不予起诉。

在此案中，王某倒地但李某一家仍然连续先后用菜刀、木棍击打王某，直至王某不再动弹，遭李某一家三口合力反杀。虽然事后从客观上来看，可能不法侵害人在某一时刻丧失了一定的继续进行不法侵害的能力，但是并不意味着不法侵害人已经完全丧失了继续进行不法侵害的能力和意图，因为王某倒地后两次欲起身，而这时防卫人也确实无法从事实上判断不法侵害行为是否已经完全停止或者说不法侵害人已经完全丧失了继续进行不法侵害的能力和意图，我们不能向处在如此紧急情况下的防卫人对于不法侵害行为是否仍在进行提出更高、明显不合理的要求，所以其行为应当认定为正当防卫行为而不是事后防卫。

当然这并不是说对于不法侵害行为是否仍在进行的判断应当基于防卫人对于不法侵害行为是否仍在进行的认识，否则这样就会导致对于正当防卫的时间限度解释的主观随意化，甚至是披着正当防卫的外衣实行故意伤害的事实，对于正当防卫的时间限度的认定必须要综合考虑不法侵害行为在事实上持续到何时以及在特定情况下防卫人能否认识到不法侵害行为已经完全停止这两方面的因素。因此，在违法状态持续的时间内，防卫人理应都可以进行正当防卫行为。

2. 正当防卫与事前防卫

事前防卫与事后防卫是相对的两个话题，事后防卫所涉及的关键性问题是不法侵害行为何时停止的问题，而事前防卫相对应的所涉及的关键性问题是不法侵害行为何时开始的问题。

那么什么是事前防卫？事前防卫，又称"过早防卫"，是指对尚未开始的不法侵害行为实施的防卫，是防卫不适时的一种情况，不符合正当防卫的条件。事前防卫行为构成犯罪的，应当负刑事责任。可是不法侵害行为虽然尚未发生，但不是不可能发生，尤其是在不法侵害极有可能发生的情况下，如果防卫人进行了防卫行为，那么对于这种防卫行为到底是应当认定为正当防卫还是事前防卫呢？

笔者认为，在不法侵害极有可能发生的情况下，对防卫人提前进行防卫行为应当给予一定程度的认可。因为在不法侵害极有可能发生的情况下，不法侵害行为虽然尚未发生，但是在实际上可能已经给防卫人的权益带来了很大的威胁，那么出于优越的利益保护原理，应当以防卫人的利益保护为优先考虑，此时防卫人的"事前"防卫行为便具有了合理性。

但是应当注意的另外一个问题是，在这种情况下，应当对防卫人进行防卫行为所应遵守的必要方法限度进行更为严格的解释和适用，因为虽然可能在实际上已经给防卫人的权益带来了很大的威胁，而且不法侵害极有可能发生，但是毕竟不法侵害行为尚未发生，因此如果不对防卫人进行防卫行为所应遵守的必要方法限度进行更为严格的解释和适用，那么就极有可能会损害他人的合法权益。比如，为了期待较小的权益不受侵害就不得妨碍更大的权益正常行使，能够采取保护和防卫手段就可以保证权益不受侵害的就不能采取反击和对抗的方法造成他人权益损害，这也是社会相当性原理的必然要求。

综合考虑防卫人的主观因素。在判断正当防卫的时间限度时，必须在当时特定的情境下综合考虑防卫人的主观因素，即防卫人在进行防卫行为时是否能够清楚地认识到不法侵害行为已经停止或者尚未开始或者根本不会发生。如果防卫人在进行防卫行为时已经清楚地认识到不法侵害行为已经停止或者尚未开始而且根本不会发生,那么防卫行为就会因为失去了防卫意图,而且因为防卫人已经清楚地认识到不法侵害行为已经停止或者尚未开始而且根本不会发生,但却仍然采取了强制措施,其已经产生了犯罪故意,所以构成故意犯罪。相反,如果防卫人在进行防卫行为时并没有这种清晰的认识,只要其不明显超过必要限度的,就应当认为是正当防卫行为。

综上所述,正当防卫是刑法中的一项重要设计,纵观各国的刑事立法实践,无不规定了正当防卫行为,而且还规定了防卫过当的情形。通过比较法的方法,将国内外刑法理论学界对于正当防卫行为正当化的理论学说进行对比,从中我们得出为什么一定要对正当防卫行为规定限度条件。虽然各国对于正当防卫行为的正当性原理认识不一,但不管是德国的二元论还是我国的优越利益保护和社会相当性原理,归根结底都是为了保障在面对不法侵害时防卫人能够实施防卫行为。然后我们才能进一步理解在认定正当防卫和防卫过当时产生的关于正当防卫行为限度条件的争议,主要是关于正当防卫的时间限度条件产生的争议,并对如何认定时间限度条件进行思考。正当防卫行为并不是没有限度的,也正因如此,才会导致在认定是否成立正当防卫行为时的诸多问题,其中最主要、争议最多的也就是防卫行为的时间限度条件。结合我国的司法现状,如何正确合理地认定正当防卫行为的时间限度条件,不仅影响着法律实施的效果,更制约着中国的现代化建设。

(五)完善我国正当防卫司法认定的建议

近些年来我国先后发生了一系列涉及正当防卫的典型案件,对正当防卫的认定始终面临着新的困难和不足,尽管正当防卫制度的概念很早就被引入我国的刑法体系,但是长期以来的司法实践并未对正当防卫的实践予以积极的回应,认定标准过于严苛促使大量正当防卫案件被错误地追究了刑事责任。据中国裁判文书网,法院最终采纳律师关于正当防卫的辩护意见不足案件的 10%,借此提出如下建议。

1. 深刻领会立法精神，更新办案理念

（1）正确界定不法侵害。在判断不法侵害的时候，不能简单地依照法条规定来定性此行为是否构成了不法侵害，不应该为不法侵害设置过高的认定标准，对不法侵害的界定不应该过于苛刻，应当准确把握立法本意，要从维护社会整体法律秩序的目的出发，放宽关于不法侵害的理解范围。

（2）正确界定防卫意图。界定防卫意图的时候必须准确排除防卫挑逗、相互斗殴、偶尔防卫等干扰因素。我国对于防卫意图的界定处于非常严格的状态，这对于防卫意图的认定是非常不利的，笔者认为有关机关应当考虑适度降低防卫意志的认定标准。

（3）正确界定防卫限度。绝不能单纯地从法条规定出发，应当置身于案件的客观实际环境中去考虑问题，应当着重考虑不法侵害的性质和强度。行为人采取的有效防卫行为是不是最低限度的，不法侵害对行为人造成的侵害后果是否与制止不法侵害人所造成的损害后果相对等，能否正确界定防卫限度，关系到广大人民群众勇于反抗违法犯罪行为的积极性。

2. 检察机关恪守客观公正义务，强化内部监督体系

（1）检察机关必须秉持客观公正精神。检察机关应当秉持着客观公平公正的精神办理案件，忠实于案件事实真相，牢记法律监督机关的定位和使命，承担好中立审查责任，平等、充分听取辩护人一方和被害人一方的意见，守住公平公正的底线，切实坚决规避腐败的风险。

（2）不断健全内部监督体系。只有不断加强检察机关内部监督能力，才能提供客观公正的保障。因此要健全对领导干部队伍的监督制度、健全对廉洁办案的监督制度、健全对自侦部门的监督制度、完善对审查批捕环节的监督制度、健全对受理线索和初查的监督制度。通过多项监督制度的完善，可以达到对检察机关的有效监督。

（3）将检察机关执法工作人员多方面素质项目纳入绩效考核工作。绩效考核内容不仅要包括法律适用、事实认定、证据审查、办案规范性。还应该将结案率、逮捕率、辩护意见采纳率、相对不起诉率、侦查违法纠正查处率纳入考核内容，这样的话，检察机关执法办案能力与效率能够得到大幅提高。

3. 审判机关必须严守独立审判和司法中立原则

一些正当防卫的案件本来在法理上并不复杂,但因为舆论压力和维稳思维,司法机关的依法裁决常常会受到极大不利影响。这就需要对整个社会普法教育进行持续大范围推动,为司法机关独立审判、保证司法中立提供健康良好理性的社会环境。只有严守独立审判和司法中立原则才能杜绝或是减少冤假错案的发生,进而保证审判的权威性,杜绝权力的腐败和滥用。

4. 建立正当防卫案例指导制度

我国有关部门或者机关应当及时建立针对正当防卫案件的案例指导制度,适时公布出一些典型的或者说具有标志性意义的案例,这对于基层司法机关处理一些有关于正当防卫的棘手的、疑难的、争议性较大的案件非常有指导作用,这样法律适用可以得到统一、司法智慧可以得到积累、业务素质可以得到提升、裁判规则也可以得到明确,以此较好地回应司法需求。通过公布一些典型的案例还能够有效地降低出现冤假错案的风险,弘扬法治精神,大幅提升司法机关在人民群众心里的司法公信力和社会公信力。

二、防卫过当

(一)防卫过当的概念、罪过形式与刑事责任

1. 防卫过当的概念

防卫过当是指防卫行为显著超出必要的防卫限度,导致侵害人引发重大损害。因为其行为超出了必要的防卫限度,造成了不该有的损害结果,原有的合法行为具有相当大的社会危害性,因此,防卫过当应当依法承担刑事责任。

《中华人民共和国刑法》第二十条规定,"为了使国家、公共利益、本人或者他人的人身、财产和其他权利免受正在进行的不法侵害,而采取的制止不法侵害的行为,对不法侵害人造成伤害的,属于正当防卫,不

负刑事责任。正当防卫明显超过必要限度造成重大损害的,应当负刑事责任,但是应当减轻或者免除处罚。对正在进行行凶、杀人、抢劫、强奸、绑架以及其他严重危及人身安全的暴力犯罪,采取防卫行为,造成不法侵害人伤亡的,不属于防卫过当,不负刑事责任。”刑法的这条规定即是对正当防卫的规定,条文对于一般正当防卫、防卫过当及暴力犯罪的特殊正当防卫作出了具体的规定,系法律赋予行为人在正当理由的前提下出于正当的目的而采取的自我保护措施,从而对造成的结果进行豁免的一种规定。

鉴于正当防卫是法律所赋予的行为人对于造成的伤害结果从法律上的责任的豁免,故认定正当防卫必须极其严格。正当防卫的成立,必须要满足防卫起因、防卫时间、防卫意识、防卫对象、防卫限度五个方面的条件,即必须有现实的不法侵害、不法侵害必须正在进行、必须具有防卫意识、必须针对不法侵害者本人、必须没有明显超过必要的限度。在认定正当防卫的时候,我们则要根据具体的案情,对上述的五个要件逐一进行判断,准确认定是否属于正当防卫。

2. 防卫过当的罪过形式

在我国刑法中,防卫过当不是一种独立的犯罪,而是根据防卫人过度防卫行为的具体形式承担相应的刑事责任。在此基础上,正确认识防卫过当的犯罪形态(即防卫人的主观心理),对司法机关判定防卫过当具有重要价值和意义。防卫过当的罪过形式具体来说有以下几种形式。

第一种形式是防卫人明白自己的防卫行为会显著超过正当防卫的必要限度而造成重大损害,为了达到正当防卫目的而放任这种重大危害发生的,这种防卫过当具有间接故意的特征。

第二种形式是防卫人明白自己的防卫行为可能会显著超过了正当防卫的必要限度造成重大危害,但轻易相信可能不会发生这种重大危害,这种防卫过当具有过于自信的过失的特点。

第三种形式是防卫人应当明白自己的行为显著超过了正当防卫必要限度造成重大危害,由于一时疏忽而没有预知,以致发生重大危害的,是疏忽大意的过失。

3. 防卫过当的刑事责任

防卫过当可能触犯故意杀人罪、过失致人死亡罪、过失重伤罪与故意伤害罪等四项刑事罪名。对防卫过当应当免除处罚或者减轻处罚,因为在防卫过当的情形中防卫人主观的动机是为了保护合法权益不受不法侵害,尽管超过了必要的防卫限度,对于不法侵害者造成了不应该有的损害,主观上对自己制止和反击不法侵害的后果和行为疏忽大意或持有放任态度,但其行为的社会危害性比其他通常犯罪的危害性小很多。

(二)互殴型轻伤害案件中正当防卫的认定

1. 互殴行为

互殴行为是双方以侵害对方身体为意图进行相互攻击的行为,属于一种相互侵害行为,通常表现为双方打架斗殴,都抱有具体的伤害故意。从互殴行为的概念中我们可以看出,互殴行为是双方(并不一定是两个人)都抱着侵害对方身体的意图,包括泄愤的意图,具有积极加害的、故意伤害的意图,且都具有攻击的行为。故如果仅有一方进行攻击,则不能认定为互殴。

一般情况下,互殴有几种情形:(1)临时起意发生的互殴,即双方因琐事发生冲突,随即均具有伤害对方的故意,从而发生的互殴情形。(2)双方之间存在积怨,在某次冲突中双方均具有解决积怨伤害对方的故意,从而发生的互殴情形。(3)一方故意挑衅,导致另一方有故意伤害的意图,从而发生的互殴情形。(4)一方前期对另一方进行殴打,过一段时间后,另一方出于报复的目的而对一方进行殴打,从而发生的互殴情形。(5)一方先动手殴打另一方,被殴打的一方前期无殴打故意,后期临时起意加入打斗,从而引起的互殴情形。

上述几种情形中,无论斗殴是基于什么原因挑起,但是在最终的斗殴过程中,双方当事人都具有伤害意图并切实付诸实践,故不符合正当防卫的条件。学界观点也认为,在相互斗殴案件中不宜认定正当防卫。一方面,在相互斗殴中,由于相互同意他人的殴打,因而对方的殴打行为是基于承诺的行为,不具有侵害对方人身法益的违法性,故任何一方都不是针对不法侵害所实施的正当防卫。换言之,互殴不成立正当防卫,并非因为双方缺乏防卫意识。另一方面,在互殴中,双方的行为在客观上都不是制止不法侵害、保护法益的行为,故不成立正当防卫。因此,对于上述的明确的互殴行为,在案件办理的过程中通常都会排除正当防卫。

2. 如何认定互殴型轻伤害案件中的正当防卫

从实践中存在的互殴情形看，由于双方都动手，谁先动了手及是否具有防卫意识难以查明，且整个过程都比较连贯，故在办案中对这一类案件正当防卫难以认定，会统一按照故意伤害罪去处理，故在部分当事人心中，会存在这样的心理：当公民面临不法侵害时，只能逃跑或者是躲避，而不能还手，否则被侵害的人反而会被认定是故意伤害，导致正当防卫不能真正意义上发挥作用。近年来，随着指导案例和相关司法解释的出台，从法律规范的角度让正当防卫这一制度在互殴类故意伤害案件中得以准确适用。2018 年 12 月 18 日，最高人民检察院《关于印发最高人民检察院第十二批指导性案例的通知》（检例第 48 号侯秋雨正当防卫案），单方聚众斗殴的，属于不法侵害，没有斗殴故意的一方可以进行正当防卫。该指导案例对于单方聚众斗殴中的正当防卫进行了规定。2022 年 12 月 22 日，最高人民检察院、公安部发布《关于依法妥善办理轻伤害案件的指导意见》提出，要准确区分正当防卫与互殴型故意伤害。在办理互殴型故意伤害案件中，要从案发起因、冲突过错升级程度、手段中是否存在不当暴力和纠集他人参与打斗等多个方面综合分析，对犯罪嫌疑人的主观意图和行为性质作出准确判断，对应当认定为正当防卫的情形准确适用。该指导意见的出台，对互殴行为是否可以认定正当防卫进行了全方位分析，为司法实践中互殴型故意伤害和正当防卫的区分作了详细解读。

笔者认为，在互殴类故意伤害案件办理中，要以指导意见和指导案例为参考和指引，根据案件事实，审查在案全部证据，做好正当防卫的准确适用。在认定互殴案件中的正当防卫时，要坚持主客观相统一的原则。正如陈兴良教授的观点——防卫人主观上必须有某种防卫意图，这是正当防卫构成的主观条件。正当防卫与相互斗殴的区分主要表现在以下两个方面：一是在客观上正当防卫是一种防卫行为，而相互斗殴是一种斗殴行为。二是在主观上正当防卫具有防卫意图，而相互斗殴具有侵害意图。综合以上两点，正当防卫和相互斗殴之间存在性质上的区分。也可以说，若双方先前具有斗殴的一致的意思表示，则认定为互殴；若一方进行攻击而另一方进行的反击行为则不应认定为互殴，而是防卫行为。主观方面的认定，主要来源于行为人自己的供述，但实际上在审查起诉阶段，行为人往往会辩称自己是因为对方的殴打，出于防卫意图才对另一方实施的殴打行为，故认定主观故意还是要从行为认定的客观行为上综合判断。而客观上，则需要综合各方面的证据来看，比如，在双方殴打的过程中，动手的原因、双方的综合力量、行为表现、互殴的方式、是否有求助的行为，等等。在办理互殴型轻伤害案件中，我们坚持主客观相统一的原则，准确细致判断犯罪嫌疑人的主观意图和具体实行行为的性质。一方面，要全面审查案件证据，依法认定案件事实，对有故意伤害意图的殴打行为依法认定犯罪，使犯罪嫌疑人承担应当承担的刑事责任，不放纵犯罪。另一方面，也要根据具体证据，对针对不法侵害的反击认定正当防卫，不能一概认定只要是双方相互殴打的案件就否认正当防卫的成立。正当防卫制度本身是为了给人们以自我救济的法律保障，因此，我们在办理案件时要灵活理解并正当适用，站在行为人当时所处的环境考虑，从多维度、多视角认真审查，不随意为正当防卫的认定增加法律未要求的前置条件和限制条件，也不机械扩大正当防卫的适用，从而鼓励正当防卫，使正当防卫制度发挥其应有的作用。

（三）我国防卫过当的实务

近几年，我国理论界和社会公众对正当防卫案件的关注与讨论热度持续不减，除了此类案件本身的趣味性以及其所代表的重要意义以外，与司法实务界对于正当防卫案件的构成要件把握标准上过于苛刻严格也具有重大关系。由于司法实务部门对涉及正当防卫的案件认定结果往往偏离大众对于法律的基本诉求和期待，造成了此类案件一旦公布或被媒体披露往往就会产生巨大的舆论反响，引起全民关注和广泛讨论。那么司法实务界对于涉及正当防卫的案件处理都有哪些问题呢？笔者经过梳理大致分类如下。

首先，在我国的司法实践中，裁判者在审理涉及正当防卫的案件时，往往习惯性地优先对比侵害行为造成的损害结果与防卫行为造成的损害后果，然后再考察侵害人实施侵害行为的手段、方式、强度与防卫人进行防卫行为所采取的防卫手段、强度，暂且不论这种逻辑思路的正确与否，单是简单对比侵害行为给受害人带来的人身或财产上的损害后果与防卫行为，给不法侵害人所造成的人身或财产损害后果就已经偏离了正当防卫条款的法律精神。在致侵害者重伤或者死亡的案件中，由于表面上来看侵害者付出了巨大的身体健康代价甚至生命代价，而防卫人此时如果只是轻微伤或者轻伤，那么将两者的客观损害结果对比起来就很容易得出防卫人防卫过当的结论。而如此简单粗暴的对比，完全没有考虑到侵害行为发生时所产生的具体危险和可能产生的重大危害后果，从而导致了大量冤假错案的发生。

其次，在涉及正当防卫的案件中，司法实务部门往往会给防卫人增加法外义务。如，要求防卫人在实施防卫行为时在可以退避的情况下必须先行退避，只有在退无可退的情况下即迫不得已的情况下，才能对不法侵害行为进行反击，否则就会被认定为防卫过当。司法实务部门还往往要求防卫人只能就地取材或夺取对方工具进行防卫，这无疑又增加了防卫人的防卫成本，对防卫人而言是极为不利的。常见的还有，防卫人进行防卫时如果存在其他更多可以减轻对侵害人的损害的选择，而防卫人选择了更重的损害方式进行防卫的也容易被认定为防卫过当。

最后，在具体案件中，司法实务部分常常会限缩侵害的认定范围。如，在“山东辱母杀人案”中，一审法院即认为：“被告人于欢面对众多讨债人的长时间纠缠，不能正确处理冲突，持尖刀捅刺多人，致一名被害人死亡，两名被害人重伤，一名被害人轻伤，其行为构成故意伤害罪，公诉机关指控被告人于欢犯故意伤害罪成立。”由此可见，一审法院和检察院都认为于欢是故意犯罪，并未认可讨债人等对于欢母子的非法拘禁和侮辱行为的不法侵害性质，否认了辩护方提出的防卫过当的辩护意见。此案随后经二审法院改判，但司法实务部门暴露出来的问题却显而易见。

（四）坚持正当防卫裁判原则

无原则，即无标准，无标准即无规则。通过我国的立法、学说以及司法实务的探讨，笔者认为我国司法实务领域在处理此类案件时应当秉持以下两个基本原则。

1. 不苛责防卫人

正如之前所指出的那样，在司法实务中往往会出现法律无端增加防卫人法外义务的现象。例如，防卫人事先准备工具、只能对暴力侵害进行防卫，而对非暴力侵害不能进行防卫，甚至将暴力限定为严重暴力以及割裂地看待不法侵害行为，等等，而这些现象无异于过于苛责防卫人了，以至于给人们留下了大致这样一种印象——一个人在面对飞车贼时他不能驾车追赶上去，因为这可能会导致飞车贼的重伤或死亡，他只能眼睁睁地看着自己的钱包在对方手中挥舞；一个人也不能在面对可能发生的危险时事先准备防卫工具，因为这也可能导致对方重伤或死亡，他只能坐以待毙。如此苛刻的要求完全限制了公民对正当防卫权的行使，使得“正”不得不向“不正”低头。还好，对于其中的一些现象司法实务中已经有了明确规定，得到了一定的改进，如针对防卫人事先准备工具的问题，最高人民检察院在其指导性案例中已经给予了明确肯定：“对认定正当防卫有影响的，并不是防卫人携带了可用于自卫的工具，而是防卫人是否有相互斗殴的意图。”纠正了先前大量此类案件存在的错误评价倾向。同时，即使在结果过当的情况下，我们也不能以结果反推行为，对行为人苛责，盲目否认行为人的防卫必要性。

2. 注重法律效应与社会效应的统一

笔者认为裁判者在处理案件时，除了关注案件本身所具备的法律背景外还应当结合“天理”和“人情”，尤其是像正当防卫这类极易引起民众高度关注的案件，正当防卫躺在法条中不仅仅是冰冷冷的文字，更蕴含着整个社会对是非善恶、好坏黑白的基本立场和态度。错误的、不符合民众朴素感情的判决，往往不能取得法律效应与社会效应的统一，反而会伤害善良民众对法律的信仰，因此笔者认为，裁判者在评判涉及正当防卫案件的过程中另一个需要秉持的基本原则就是“注重法律效应与社会效应的统一”。

司法实务中涉及正当防卫的案件，由于其自身所具有的独特性和复杂性，一经公布，往往会引来社会的广泛关注和热烈讨论。笔者认为，一方面我们要理解法官在处理案件时所面临的各种压力，毕竟他们不是在真空中判决案件。另一方面，由于法律寄托着社会公众对公平正义的基本诉求，扮演着保护善良公民的重要角色。因此，法官在处理涉及正当防卫的案件时，应当摒弃以往作出裁判时的种种不足和错误倾向及错误理论。秉持“不苛责防卫人”“追求法律效果与社会效果的和谐统一”的基本原则，在众多不同的评判正当防卫和防卫过当的学说及理论中采取正确的标准，依法适用规则，严格把握好防卫限度的认定。这样不仅能维护善良公民的合法利益，而且有利于在全社会形成崇尚法治，信仰法律的良好风尚。

第五节　贪污贿赂罪的概念以及防治体系

一、贪污贿赂罪的概念

贪污贿赂罪是指国家工作人员或国有单位实施的贪污、受贿等侵犯国家廉政建设制度，以及其他人员或单位实施与受贿具有对向性或撮合性等情节严重的行为。刑法规定了贪污罪、挪用公款罪、受贿罪、利用影响力受贿罪、行贿罪、介绍贿赂罪、巨额财产来源不明罪等罪名。

（一）历史演进

以史为鉴，可以知兴替。贪污贿赂现象既是历史的现象，也是历史的通病。回顾过往，中国社会经历的帝国王朝针对贪污采取了诸多治理措施，其中也有不少真知灼见。目前对于贪污贿赂处罚的记载最早源于尧舜禹时期，在之后的历朝历代都很重视贪污贿赂罪的治理。

（二）贪污罪

贪污罪是指国家工作人员利用职务上的便利，侵吞、窃取、骗取或者以其他手段非法占有公共财物的行为。

（三）挪用公款罪

挪用公款罪是指国家工作人员利用职务上的便利，挪用公款归个人使用，进行非法活动的，或者挪用公款数额较大、进行营利活动的，或者挪用公款数额较大、超过三个月未还的行为。

（四）受贿罪

受贿罪是指国家工作人员利用职务上的便利，索取他人财物的，或者非法收受他人财物，为他人谋取利益的行为。

（五）利用影响力受贿罪

利用影响力受贿罪是指国家工作人员的近亲属或者其他与该国家工作人员关系密切的人，通过该国家工作人员职务上的行为，或者利用该国家工作人员职权或者地位形成的便利条件，以及离职的国家工作人员或者其近亲属以及其他与其关系密切的人，利用该离职的国家工作人员原职权或者地位形成的便利条件，通过其他国家工作人员职务上的行为，为请托人谋取不正当利益，索取请托人财物或者收受请托人财物，数额较大或者有其他较重情节的行为。

（六）行贿罪

行贿罪是指为谋取不正当利益，给予国家工作人员、集体经济组织工作人员或者其他从事公务的人员以财物的行为。

（七）介绍贿赂罪

介绍贿赂罪是指国家工作人员介绍贿赂，情节严重的行为。

（八）巨额财产来源不明罪

巨额财产来源不明罪是指国家工作人员的财产、支出明显超出合法收入，差额巨大，而本人又不能说明其来源合法的行为。

二、贪污贿赂罪的防治体系

贪污贿赂现象屡禁不止，究其原因根本在于预防、权责统一、监察、检举监督制度、刑罚等方面未能做到相互合理地存在。只有形成体系化的防治措施，才能达到最好的治理预期。

（一）预防

贪污贿赂的预防主要体现在法的健全和意识的提升两方面。贪污贿赂在刑法中规定了明确的罪名，根据犯罪构成，可以做到罪责刑相统一。同时，随着经济、社会等不断的发展和政治的需求，从定罪和量刑上需要不断地完善。贪污贿赂预防意识的提升则体现在法治的宣传、制度的健全等方面，能够让人意识到犯罪的后果，从而达到预防的效果。

（二）权责统一

权责统一包括权力与责任两部分。无论是权力还是责任都是党和人民赋予的，是现代民主政治内含的必然逻辑和要求。两者之间存在共存、互补、对等的关系，在贪污贿赂的防治中务必做到权责之间的法定、透明、平衡，才能够更好地制约这一现象的发生。

（三）监察

2018 年 3 月 20 日，第十三届全国人大一次会议表决通过了《中华人民共和国监察法》，监察委员会依据该法具有行使监督、调查、处置的职责，这部法律的通过意味着我国针对贪污贿赂罪的治理体系逐步完善。

（四）检举监督制度

检举监督制度在贪污贿赂的防治中起到不可替代的作用，在信息化时代，虽然公民正确行使检举监督权无疑对于相关案件的发现、侦查、证据搜集等方面起到至关重要的作用。但是这一权利的行使背后要做到相关权益的保障,例如隐私权、人身权等。

(五)刑罚

刑罚是刑法的重要组成部分之一,刑罚的合理运用能够起到预防和惩罚的作用。虽然刑法中增设了“情节”量刑的内容,更加科学地规定了量刑标准。但是在各种情节与社会危害性之间的关系上需要进一步考量。

第五章

经济法律知识

经济法是一个独立的法的部门，其主要任务是对社会主义市场经济关系进行整体、系统、全面、综合调整。在目前这个阶段，经济法主要是对社会生产和再生产过程中，以各类组织为基本主体的经济管理关系和一定范围的经营协调关系进行调整。

第一节 经济法基础知识

“经济法”一词早就被提出,但随着社会的不断发展,现在的“经济法”一词已经和它最初被提出时的含义有了很大变化。

一、经济法的概念

(一)经济法概念的由来

1. 经济法的提出

经济法,一般被认为最早是由法国空想社会主义者摩莱里在1775年发表的名著《自然法典》里提出的。摩莱里认为,形成私有制的原因就是社会产品分配的弊端,所以他构建未来公有制社会蓝图时,主要针对社会产品分配方面进行研究,并做出了相关规定。所以在摩莱里的《自然法典》中提到的“经济法”,只是关于分配领域的一种设想,具有很强的局限性,并没有引起社会的广泛关注。

2.《公有法典》中对经济法的使用

法国空想社会主义者德萨米,在1842年出版了《公有法典》,在本书中他也用到了“经济法”的概念。《公有法典》中讨论“根本法”的部分中,德萨米对摩莱里的一些论断表示了赞同。在摩莱里提出的观点的基础上,德萨米认为社会产品的最佳分配方式是按合适的比例进行平等分配。

法国空想社会主义是马克思主义的三个来源之一,其本身具有十分重要的理论意义。摩莱里和德萨米的经济法思想都是具有“空想”的属性，但是其具有的理论意义十分重要，所以他们提出的关于经济法的思想理论应该得到继承和发展。

但是，摩莱里提出的经济法的概念已经不能适应当今的社会和经济状况。在当代社会，经济法不可能单纯地与产品分配法画等号，但是它们之间又存在着某种内在的联系。当今的经济法概念可以说是对摩莱里和德萨米经济法思想的继承和重大发展。

当代大多经济法学者认为，经济法是用于调整特定经济关系的法律规范的总称，即调整物质利益关系的法律规范的总称，其目的是帮助实现各个经济法主体在物质利益分配中公平合理地获得利益，从这个层面来说，经济法实质上就是分配法。

3. 蒲鲁东对经济法的使用

1865 年，蒲鲁东发表了《论工人阶级的政治能力》，在此书中他提到“经济法是政治法和民法的补充和必然产物”。蒲鲁东认为，引起贫穷和犯罪的根本原因就是经济遭到破坏，所以他提出经济法可以作为社会治疗救济的手段，通过遵守相互性法并由此向经济法回归的方式进行社会救治。

从蒲鲁东提出的经济法概念的阐释中我们可以看出，在实际的社会生活中存在政治法和民法无法进行调整的经济关系，要对这种关系进行调整就必须通过经济法发挥作用，所以经济法必须既可以体现国家政治权力，又可以体现经济自主原则，这里对经济法的阐释已经较为接近近代意义上的经济法概念了。

4. 经济法在德国的出现

1916 年，德国学者赫德曼在《经济学字典》中使用了经济法的概念，他认为经济法是经济规律在法律上的反映，揭示了经济法产生的客观必然性。第一次世界大战后，为了快速恢复经济，德国政府颁布了一系列法律法规，例如《煤炭经济法》《碳酸钾经济法》等。虽然这些法规可以帮助德国较为快速地恢复战后经济，但是这需要通过国家对经济的干预和调控，这种行为在当时引起了德国学界的广泛关注，多位学者展开了对经济法的概念及相关理论问题的探讨和研究。以此为契机，经济法这一概念在德国开始广泛流传，随后传播到其他国家并开始逐步被接受和使用，从而成为各国通用的法律概念。

5. 经济法在我国的出现

为了保证经济快速增长,在新中国成立初期我国采用的是社会主义计划经济制度,这个时期的经济法调整的内容都是包含在强大的行政法体系之下的。1979 年,在党和国家的重要文件以及在第九届全国人民代表大会常务委员会制定的五年立法规划中,开始正式使用经济法的概念。1980 年,普通高等院校法律专业开始开设经济法课程。

(二)经济法的定义

经济法是国家对市场和经济进行干预的法律,其本位是社会整体利益,所以经济法应归于公法的范围。

需要注意的是,国家对经济和市场的干预行为并不是直接对经济主体的生产经营活动进行干预,而是要保证对经济主体生产经营自主权充分尊重,在此基础上使用一些间接手段对经济和市场进行引导。

二、经济法的基本原则

(一)遵循客观规律原则

客观规律指存在于客观事物之间的内在的、必然的、本质的、不为人们意志所转移的联系。遵循客观规律,首先就要保证遵循客观经济规律的要求,通过经济立法,将其转化为经济法律规范,使它可以对国家和企业在经济管理中的行为进行规范。其次要遵循自然规律,自然规律体现的是人与自然之间的客观联系。想要实现经济与社会的和谐发展,就需要遵循自然规律。国家会制定一系列的法律法规和相关政策,对人与自然的和谐发展进行规定,例如环境保护法、自然资源和能源法以及一些技术监督法规等,通过将自然规律技术规范上升为法律规范,保证在发展经济的同时注重环境保护,为人们赖以生存的自然环境提供保障,并以此提高国际竞争力。

（二）保护、促进社会主义市场经济原则

我国实行的是社会主义市场经济，它是社会主义公有制与市场经济的结合。我国实行的社会主义市场经济是在国家宏观调控下，将市场调节作为基本配置资源的方式。我国曾经受到长期的计划经济的影响，更习惯于通过指令性计划等行政手段进行资源配置，为了促进经济体制的加速转型，就应该建设和完善经济立法，通过法律为社会主义市场经济体制提供可靠的保障，保障供求机制、价格机制、竞争机制等市场机制可以充分发挥其作用。

1. 保障和促进市场竞争原则

市场经济下必然存在竞争，通过竞争机制、价格机制、供求机制等机制之间的交互作用实现资源的优化配置。

首先，要遵循诚实守信的基本原则，保证不通过非法、不正当的手段参与市场竞争，不通过损害竞争对手的利益而获得利益。其次，国家和相应的管理机关要努力创造公平、合理的竞争环境和条件，使相关法律与社会机能充分发挥作用。最后，对不正当竞争进行严厉的限制和打击，加大力度维护交易秩序。不正当竞争会破坏正常的交易规则，也会侵害正当经营者的合法利益。因为我国在过去很长一段时间内实行的是高度集中的计划经济体制，所以对于不正当竞争习以为常，在一些行业或领域甚至存在支持、怂恿不正当竞争的现象，这就会出现行业、地区垄断的不良现象。所以，为了维护正常的市场秩序，就必须对那些不正当的竞争行为进行严厉的处罚。

2. 国家适度干预原则

国家适度干预原则体现了经济法的本质特征。因为当今市场有“市场失灵”的问题存在，仅靠市场的自发调节不能根本有效地对市场上存在的垄断、产品质量、消费者利益保护等问题进行调节，所以必须依靠国家通过一系列的经济手段对市场经济进行适度干预，以保证市场顺畅运行。经济法所体现的国家适度干预原则主要提出了以下两个方面的要求。

（1）正当干预。首先，保证干预者的权力要来源于法律规定，例如，税收是国家进行经济干预的一个重要手段，它可以促进资源的优化配置，促进社会公平的实现。但是税收必须依法行使，国家必须按照法律明文规定征税，没有经过法律程序不可以开征新税种。所以，国家对社会经济进行干预时，必须要有相应的法律依据。其次，国家在进行经济干预时，必须保证符合法律规定的程序。经济法对程序的法治化建设要求很高，强调国家干预必须按照规定的程序进行运作，因为严格的程序可以保证相关决策实施的科学性和民主性。

（2）谨慎干预。市场经济体制是以市场调节为基础进行资源配置的，如果过度干预，就会导致市场机制的作用被削弱，这就违背了市场经济的本质原则。在对市场经济进行干预时，如果不注意力度、深度和范围的把握，就会导致市场机制的负面作用无法消除，这样就不能维护社会和国家的整体利益。

3. 经济效益和社会效益相结合原则

经济法的一项主要任务就是提高经济效益，但同时还要兼顾社会效益。在社会中存在一些因为过于重视物质利益，而忽视整体利益、长远利益的现象，为了防止、消除和减少这种现象带来的不良后果，只有通过建立和健全社会保障制度与分配制度，才能保证社会稳定和经济效益的可持续发展。

4. 权、责、利统一原则

权、责、利统一原则，是指经济主体与国家之间、不同经济主体之间，权利、责任、利益相统一的原则。“权”指经济权利，是与自身义务相对应的合法经济权利；“责”指责任，是违反经济义务需要承担的法律不良后果；“利”指经济利益。权、责、利在经济关系中不可分割，不能独立存在。权、责、利的统一关系要以经济权利为基础，经济责任为前提，经济利益为动力。也可以理解为，在拥有经济权利的基础上，获取利益和承担责任；在承担经济责任的基础上，获取利益和行使权利；在经济利益的前提下，行使权利和承担责任。

为了贯彻和实行权、责、利统一原则，应该做到以下几点。

（1）经济立法，必须兼顾国家、经济组织的经济利益。社会经济关系中主体的多元化，会通过经济利益的多元化表现出来，会表现为国家、经济组织各自的自身利益，而在现实的社会生活中，各经济主体之间会发生利益上的冲突和矛盾。经济法要协调经济主体之间的经济关系，正确处理各种矛盾。

（2）建立有效的国有资产管理、监督和营运机制。在国家经济层面，要建立和完善相关的运营、管理和监督机制，以保证国有资产的保值增值，严防国有资产的流失。

三、经济法的体系

经济法体系是指经济法法律部门的组成，目前并没有定论一定要按照某种方法进行分类。下面会将经济法体系的一些分类方法进行介绍。

一些学者将经济法分为三个部分，即综合经济法律制度、部门经济法律制度和经济组织法律制度。综合经济法律制度包括计划、财政、金融、土地和其他自然资源、经济合同、市场管理、会计、统计等制度。部门经济法律制度包括对工业、农业、商业、交通运输、旅游等行业的管理制度。经济组织法律制度则包括各类企业制度。还有学者认为可以按照企业组织法、市场运行法、经济纠纷的处理、涉外经济法、经济调控和监督法的架构来建立经济法的体系。其中，市场运行法包括经济和技术合同法、专利法、产品质量法、商标和广告法、消费者权益保护法、反不正当竞争法等。经济调控和监督法包括计划、固定资产投资、国有资产管理、统计、审计等法律制度。经济纠纷的处理包括调解、仲裁和诉讼的内容。还可以按照经济组织法、经济仲裁和经济司法、经济管理法、经济和技术合同法的方式对经济法进行分类。

在构造经济法的体系时，要保证其在经济法调整的范围内，按照经济的内在逻辑进行体系构建，尽量避免和减少重合缺漏，使整个体系结构清晰。按照经济关系及其经济法调整的内在逻辑，可以将经济法大致分为三个部分，即经济组织法、经济管理法和经济活动法。而经济仲裁和诉讼是完整的程序法律制度，不需要归入经济法部门中，在一些相关的经济法规中，可以涉及或包括一些与实体权利、义务有紧密联系的程序性规范。

四、经济法律责任

(一)经济法责任的概念

关于经济法的法律责任有很多种说法,如“经济责任”“经济法责任”“经济法律责任”“经济关系中的责任”等。在这里用“经济法责任”来进行说明,因为这一概念准确地表达了经济法的法律责任,简洁明白,不易使人产生词语认识上的误解。

经济法责任是指违反经济法义务而引起的经济法规范规定的不良后果。经济法规范规定的不利后果,包括各类制定法或非制定法为表现形式的经济法律法规,对于经济法主体违反经济法义务而需要承担的相应后果。经济法主体违反经济法义务会引起经济法规范规定的不利后果,违反经济法义务的行为具有明显的违法性。不利后果的具体内容是由经济法规范规定的,所以经济法责任具有法定性。国家强制力会保证违反经济法义务所必须承担的不利后果的执行,所以经济法责任具有国家强制性。

(二)建立和完善经济法责任制度的意义

1.提高经济法制定的质量的需要

想要保证经济法制定的质量,必须要正确看待和制定经济法责任制度。假定、行为模式、法律后果构成了法律规范的逻辑,规范性是法的一个基本特征,但是在我国的经济法规范性文件中却存在一些不符合要求的地方。一些经济法规范性文件没有对经济法责任进行规定;一些文件中关于经济法责任的规定不明确、不全面;一些规范性文件虽然对经济法责任进行了规定,但是对相应的执法机关及其职责并没有做出明确规定,对于执法机关不执法的后果也没有进行具体规定。以上这些问题都会导致有关经济法的法律、法规、规章的规范性不足,进而就影响了经济法制定的质量。

2. 保证经济法实施的需要

对经济法责任进行科学合理规定,可以保证经济法实施的效果。就我国目前的经济法规范性文件来看,其中有一些只对经济法的权利和义务进行了规定,但是对违反经济法义务而产生的法定不利结果没有进行规定或是没有进行明确、全面的规定,这就导致关于经济法权利和义务的规定的实施没有强力有效的法律保障作为支撑,致使经济法的实施效果受到直接影响,使经济法的作用不能得到充分发挥。我国目前虽然建立了基本的经济法责任制度,但是这只是基本建设,并没有实现经济法责任制度的建立和健全。所以,想要保证经济法的实施效果,就必须建立健全经济法责任制度。

第二节　经济法律关系

法律关系是一种社会关系,是关于法律主体享有的权利和应承担的义务的关系。经济法律关系就是对法律关系的一种更为具体的解释,是在经济语境下的解释,它是指经济主体之间关于享有的权利和应承担的义务之间的关系。经济法律责任是经济法主体因为违反其义务而需要承担的不利法律后果。

一、经济权利

经济权利是指经济法主体按照相关法律法规的规定,拥有可以作为或不作为一定行为,或是要求他人作为或不作为一定行为的权利。按照我国经济法,经济法主体享有很多的经济权利。为了进一步促进社会进步,我国大力推进社会主义市场经济的加深加快发展,随之而来的便是国家对经济管理方式的转变,即从曾经的国家直接管理为主转变为国家间接管理为主,而正因为这种转变,经济法主体拥有了更广泛的经济权利。

（一）经济职权

国家机关以及相关工作人员在按照相关法律进行经济管理时，其依法拥有的权力就是经济法的经济职权。国家机关以及相关工作人员按照法律法规的规定正确行使其经济职权时，管理对象有义务服从和配合经济管理工作。国家机关以及相关工作人员，不可以对其享有的经济职权进行随意的转让和放弃。

（二）物权

物权是指经济法主体按照法律法规的规定，对某些特定的事物可以直接支配和排他的权利，例如所有权、用益物权和担保物权等都属于物权。

（三）法人财产权

法人财产权指企业法人对企业所有者投资所设企业的全部财产在经营中享有的占有、使用、收益与处分的权利。实际上，对于企业而言，法人财产权只是观念上的一种虚构形式，因为企业股东的所有权是不能被企业经营者剥夺的，对于现代企业来说，股东仍旧是企业的所有者和控制者。

（四）债权

债权是在当事人之间产生的一种特定权利，具体权利按照合同约定或法律规定享有。债权的义务主体是特定主体，它是针对特定主体的一种请求权。

（五）知识产权

知识产权是指权利人对其智力成果享有的财产权利，其中还包括生产经营活动中标记所有人依法所享有的权利，如商标权、专利权、著作权等均属于知识产权的范畴。

（六）股权

股权也称为股东权，是指基于股东地位而对公司主张的权利。股权可分两类，即自益权和共益权。自益权是指股东以自身利益为目标而单独主张的权利，例如股权转让权、利润分配请求权、剩余财产分配权等。共益权是指股东为了公司的利益以及自身的利益考虑而主张的权利，例如公司决策权、选择权、监督管理者权等。

二、经济义务

经济义务是经济法主体必须承担的义务，按照经济法的规定，经济主体有必要承担与其经济权利相应的经济义务。

第一，经济法的义务主体需要作为或是不作为一定行为，以此保证经济法权利主体的利益需求可以得到相应的满足。

第二，经济法的义务主体需要按照法律的规定承担其义务，对于规定范围外的义务，义务主体不需要履行。

第三，经济法的义务主体必须要按照相关规定履行法定范围内的经济义务，否则需要按照相关法律法规的规定承担一定的法律责任。

与经济义务相对应的是经济责任。根据国情建立科学合理的经济责任制，是经济法理论和实务中的一个重要课题。在经济管理和经济活动中，要通过法律、法规、规章、合同等对人们在社会分工中应该担负的责任进行规定，包括职责、权限、利益和效益等方面，这一系列规定的统称即为经济责任制，制度的运行目的是提高社会经济效益。随着社会化大生产的发展和深化，其对社会分工提出了全新要求，也就诞生了经济责任制，经济责任制保证社会中的生产经营活动是有序进行、有人负责的。经济责任制可以提高经济主体的责任感，以此维持经济秩序的稳定。经济责任制可以实现责、权、利的统一，按照承担的责任划分权力和利益，并可以综合运用民事、行政、刑事等责任方式，以保证经济责任制可以顺利发挥作用。在不同的经济法文件中，经济责任制会呈现出不同的表现形式，一些侧重于惩罚，另一些侧重于奖励，还有一些是惩罚与奖励并用。在惩罚方面，一些法律文件有专门的规定，例如法律责任、监督与处罚等专门章节，有专门的条款对惩罚原则和规则进行了规定。

经济权利和经济义务一定是同时存在的，二者之间互相依靠，具有相对性和对等性。在经济法律关系中，若一个经济主体有一定经济权利，那么一定有与之相应的经济主体承担了相应的经济义务，因为一个权利主体没有与之对应的义务主体，就会导致权利没有义务的支撑，那么权利也就无法得到保障，也就不可能实现。经济权利和经济义务之间还存在对等性，不存在没有权利的义务，也不存在没有义务的权利，它们一定是同时存在、相互依靠的。经济权利与经济义务之间存在统一关系，当一个经济主体享有经济权利时，其必须承担相应的经济义务；当一个经济主体承受了一定经济义务时，其也应该享有相应的经济权利。

第三节　产品质量安全法律保障

一、产品质量与产品质量法

产品，是指经过人类劳动，能够被人们使用和消费，并能满足人们某种需求的物品。《中华人民共和国产品质量法》规定，产品是指经过加工、制作，用于销售的产品。产品质量，是指产品符合人们需要的内在素质与外观形态的各种特征的综合状态。具体包括产品的功能性安全性、可靠性、经济性和可维修性等内容。

产品质量法，是调整因产品质量而产生的社会关系的法律规范的总称。产品质量法于 1993 年 2 月制定，2000 年 7 月第一次修正，根据 2009 年 8 月 27 日第十一届全国人民代表大会常务委员会第十次会议《关于修改部分法律的决定》第二次修正。当前版本是 2018 年 12 月 29 日第十三届全国人民代表大会常务委员会第七次会议《关于修改〈中华人民共和国产品质量法〉等五部法律的决定》第三次修正。产品质量法的制定与修改的立法原则是加强对产品质量的监督管理，提高产品质量水平，明确产品质量责任，保护消费者的合法权益维护社会经济秩序。除产品质量法外，涉及产品质量的法律、法规还包括计量法、标准化法、质量认证管理条例等。

二、产品质量法的调整范围

产品质量法中的产品是一个特定的概念，有特定的范围，它仅指经过加工、制作，用于销售的产品。这里所称的产品有两个特点：一是经过加工制作，也就是将原材料、半成品经过加工、制作，改变形状、性质、状态，成为产成品，而未经加工的农产品、狩猎品等不在其列。二是用于出售，也就是进入市场用于交换的商品，不用于销售仅是自己为自己加工制作所用的物品不在其列。除了产品的这两个特点外，并不是经过加工、制作和用于销售的产品都由产品质量法调整，而是另有法律规定的则分别由有关法律进行调整，主要的有：食品卫生质量由食品卫生法进行调整，药品质量由药品管理法进行调整，建筑质量由建筑法进行调整，此外还有一些法律涉及特定产品的质量，则按有关法律的规定办理。

第四节　消费者权益的保护

一、消费者的概念

消费者是指为生活消费需要而购买、使用商品或者接受服务的人。消费者具有以下法律特征：(1)消费者的消费在性质上属于生活消费。(2)消费者消费的客体是商品和服务。(3)消费者的消费方式包括购买、使用商品和接受服务。(4)消费者是指个人。

“消费者”一词并无非常正确的概念去进行定义，王利明先生对消费者的概念做出了解释。消费者的概念首先需要一个明确界定，消费者并非市场交易中的惯常者，同时消费者进行市场交易主要是为自己所用而并非为了进行市场交易，这就与经营者有了本质的不同。也就是王利明先生所讲述的“消费者是指非营利为目的的购买商品或者接受服务的人”。英国在 1997 年颁布的《货物买卖法》对消费者的概念做出了相关规定，消费者通常在市场交易中是不具有惯常性的人。澳大利亚对于消费者的权益保护也与英国的法律如出一辙。从美国的《布莱克法律词典》中进行相关查阅也了解到“消费者是在从事市场交易后,对所购买的商品或服务进行占有、使用的人”。所以根据上述法典的规定,我们可以简单总结出消费者的概念,即消费者在市场交易中与经营者和生产者有着本质的不同,经营者、生产者是市场交易中的惯常者,具有持续性和稳定性,而消费者则是市场交易中的偶然者,具有不确定性和偶然性。

二、消费者权益保护法的适用范围

消费者权益保护法的适用范围是:(1)消费者为生活消费需要购买、使用商品或者接受服务,其权益受该法保护。(2)经营者为消费者提供其生产、销售的商品或者提供服务,应当遵守该法。(3)农民购买、使用直接用于农业生产的生产资料,参照消费者权益保护法执行。

三、消费者权益保护途径

为了保护消费者在市场交易中的合法权益不受非法侵害,根据已经颁布的法律法规,可以探究出在消费者权益受到侵害时存在以下几种维权途径。

(一)谈判与和解

采用谈判与和解方式进行维权的大多数都是一些涉及利益小的纠纷,双方当事人态度较好,愿意以最简便的方式解决处理纠纷,一般来说都是双方当事人自愿进行谈判,这种途径的特点是程序简单、效率高、耗费成本较少,也是一种双方都能获益的途径,一方面,消费者的权益得到了保障,另一方面,经营者也能保障自己的利润和商业名誉不会受到损害。

(二)调解

调解一般都会有第三方的参与,消费者与经营者一般都会在第三方的调解下,尽快地根据自己的诉求解决问题,这是一种常用的协议方式。一般来说,第三方具有调节作用的就是消费者协会,也是最常用的第三方,是最正式的协会也是消费者的利益的代表。消费者协会是目前消费者在受到权益侵害时最常使用的维权途径,也是较为简便的一种维权途径。在一般情况下,消费者在受到权益侵害时就会直接求助消费者协会部门,消费者协会也会接受问题并且加以处理,以维护消费者权益,但是由于消费者协会在最终结果的处理上并没有一定的权威和震慑力,所以大多数情况下他们在某些纠纷问题的处理上也会被限制。

(三)行政申诉

申诉主要是能够帮助消费者解决相应的合法请求,通常是由工厂部门来对申诉进行处理,相较于前二者的途径,申诉一般会由行政单位作为第三方来处理消费者的诉求,同时由于行政单位的介入,申诉结果具有权威性,能够有效地解决消费者所面临的问题。《工商行政管理机关受理消费者申诉暂行办法》规定了相关单位在受理消费者进行维权时的时间规定,回避制度的设立,能够让行政申诉的维权途径更加准确以及维权程序的时效性更强。行政申诉是消耗成本不高,时效性更强的维权途径。

(四)仲裁

仲裁也是存在于消费者与经营者之间的一种维权途径,仲裁的适用前提是消费者与经营者之间已经签订了相关的仲裁协议,这是适用仲裁协议的前提,仲裁的特点主要就是双方之间能够存在相较于其他途径更大的自治权,内容形式相较于诉讼更加灵活,程序也比较简便。

(五)诉讼

由于市场交易逐步多元化,处于不平等地位的消费者极易受到来自生产者、经营者的不法侵害,所以增强消费者权益保护意识是应当做的第一步。同时要加强消费者提高相应的法律知识,了解在权益受到侵害时可以通过何种途径对自己的权益进行保护,防止自己权益遭受损失。消费者权益保护法的颁布并不仅仅是为了告知消费者在市场交易中所享有的权利,更重要的是消费者能够利用法律的武器,去及时地捍卫自己所享有的权利。

法治社会,缺少法律意识是对捍卫自己权利的一种意识缺失,所以了解法律、应用法律是每一位公民都应当履行的义务。

步入21世纪,我国的市场经济发展逐步成熟稳定,虽然对于权益保护意识也在逐步加强,但消费者处于乱花渐欲迷人眼的营销市场环境中,由于消费者对于商品或服务产品所获取的信息不对等,以及经营者追求利益最大化,因此时常出现经营者利用其优势地位对消费者的权益进行侵害的现象。

由于消费者信息获取来源不足并且维权意识不够强烈,为了能够使消费者与经营者之间处于市场平衡位置,我国颁布了《中华人民共和国消费者权益保护法》等相关的法律法规。目的是帮助消费者运用法律的武器去保障自己的合法权益。

随着市场经济的扩大与发展,消费者在市场交易中占据越来越重要的地位,在面对日渐复杂的市场交易环境时,处在劣势地位的消费者权益总在不经意间遭受到经营者的非法侵害。消费者也应当逐渐重视其在商品交易中所享有的权利以及保障权利如何不受侵犯,在受到不法侵害时也应当知悉如何通过上述途径去捍卫自己的权利,这是消费者所享有的权利,也是消费者应当承担的义务。这不仅需要一系列法律法规制度的完善,也需要市场交易的透明和干净,更需要消费者维权意识的提高,在权利受到侵害时能够及时拿起法律的武器,捍卫自己的权利。

第五节 网络虚假宣传行为的经济法规制

一、关于虚假宣传行为法律适用若干问题的探讨

对于虚假宣传行为,《中华人民共和国反不正当竞争法》《中华人民共和国广告法》《中华人民共和国食品安全法》等法律都有相应的规定,要正确处罚虚假宣传行为,准确适用法律是关键。

(一)食品虚假宣传行为的法律适用

对于利用广告对食品进行虚假宣传的行为,应当依照广告法的规定给予处罚。这是因为食品安全法第一百四十条第一款规定:“违反本法规定,在广告中对食品作虚假宣传,欺骗消费者,或者发布未取得批准文件、广告内容与批准文件不一致的保健食品广告的,依照《中华人民共和国广告法》的规定给予处罚。”

利用会议、讲座、健康咨询等方式对食品进行虚假宣传的行为。对于此类行为,应当依照《中华人民共和国反不正当竞争法》和食品安全法实施条例的规定给予处罚。这是因为在2020年4月1日市场监管总局办公厅《关于食品虚假宣传案件法律适用有关问题的复函》(市监竞争函〔2020〕463号)中明确指出:“利用会议、讲座、健康咨询等各种方式,对食品的性能、功能、质量等作虚假或者引人误解的商业宣传,欺骗、误导消费者的,适用反不正当竞争法第二十条等规定,由监督检查部门责令停止违法行为,处二十万元以上一百万元以下的罚款;情节严重的,处一百万元以上二百万元以下的罚款,可以吊销营业执照。同时,对利用会议、讲座、健康咨询等方式对食品进行虚假宣传的,市场监管部门依据反不正当竞争法第二十条进行处罚以外,还可视情节依据食品安全法实施条例第七十三条规定,有违法所得的,没收违法所得;属于单位违法的,应当依照食品安全法实施条例第七十五条的规定,对单位的法定代表人、主要负责人、直接负责的主管人员和其他直接责任人员给予处罚。”

(二)反不正当竞争法与广告法关于虚假宣传行为的法律适用

广告法第四条规定:“广告不得含有虚假或者引人误解的内容,不得欺骗、误导消费者。”反不正当竞争法第八条规定:“经营者不得对其商品的性能、功能、质量、销售状况、用户评价、曾获荣誉等作虚假或者引人误解的商业宣传,欺骗、误导消费者。经营者不得通过组织虚假交易等方式,帮助其他经营者进行虚假或者引人误解的商业宣传。”由此可知,针对虚假宣传行为两法存在法律竞合的情形。其法律适用的一般原则如下。

1. 从宣传的方式上判断

如果是采用广告的方式进行虚假宣传的,应当依照广告法的规定处罚;如果是采用广告之外的其他方式进行虚假宣传的,应当适用反不正当竞争法的规定处罚。至于虚假宣传行为是不是属于广告,则要根据广告法对于“广告”的定义来进行判断。如果虚假宣传行为属于虚假广告,则应当依照广告法的规定处罚。因为反不正当竞争法第二十条第二款规定:“经营者违反本法第八条规定,属于发布虚假广告的,依照《中华人民共和国广告法》的规定处罚。”

2. 从宣传的内容上判断

一般来说,对企业围绕基本信息进行虚假宣传,倾向定性为不正当竞争行为。正当地对企业商业信誉、经营状况、形象进行各种宣传,在市场竞争中占得先机,是企业营销策略之一。但是如果夸大其词、虚构事实进行宣传,则是典型的不正当竞争行为,它违背了诚实信用的市场竞争法则,破坏了公平公正的市场竞争秩序。因此,倾向于适用反不正当竞争法。

3. 从宣传的载体上判断

看发布虚假宣传信息的载体,如果虚假宣传行为的载体是报纸、期刊、杂志、电视、电影等经营者之外的第三方拥有媒介的,一般优先适用广告法;如果虚假宣传行为是经营者利用其自身掌握的媒介或渠道独立进行,即整个虚假宣传行为都在经营者单独控制之下进行,经营者之外的其他人没有独立的设计、运营等活动,则倾向适用反不正当竞争法。例如,经营者在自设网站、微信公众号等自媒体上进行虚假宣传。

4. 从侵犯的客体上判断

看虚假宣传行为侵犯的主要客体,如果虚假宣传行为只是侵害了其他经营者的合法权益,破坏了公平竞争的市场秩序,或者虚假宣传行为不仅侵害了消费者的合法权益,还侵害了其他经营者合法权益的,优先适用反不正当竞争法。

(三)既有虚假宣传行为,又同时存在违反其他法律、法规行为时的法律适用

在实践中,虚假宣传行为通常与其他违法行为交织在一起。对于经营者在虚假宣传的同时存在违反数个法律法规的行为时,关键是看经营者所实施的行为是一个行为还是数个行为。如果是实质上的一个行为,则按照目的行为吸收手段行为、重行为吸收轻行为等原则选择最重的法条进行处罚。如果是实质上的数个行为,则应当对数个行为分别进行处罚。主要情形如下。

情形一:除虚假宣传行为之外同时存在其他行为并具有独立性,且虚假宣传行为不是实现另一个违法行为的手段,各行为均有独立的违法行为构成要件,应当认定当事人实施了数个违法行为。例如,经营者在销售产品过程中虚假宣传,同时为了推销产品又采取了商业贿赂和虚假有奖销售的行为,则商业贿赂行为、虚假有奖销售行为与虚假宣传行为之间不属于同一行为,各行为之间相互独立,构成数个违法行为,应当分别定性、一并处罚。

情形二:当虚假宣传行为是实施其他违法行为的手段,与其他行为不可分割,离开虚假宣传行为不能独立存在时,应当认定虚假宣传行为与其他行为属于牵连行为,当事人实质上实施了一个违法行为。例如,经营者在实施传销过程中,为了销售其产品而虚假宣传,则实施传销活动是其目的行为,而虚假宣传行为是其手段行为,则该传销行为和虚假宣传行为实质上是一个违法行为,应当按照非法传销行为定性处罚。

情形三:当虚假宣传行为同时违反其他法律法规时,则构成法条竞合或想象竞合的行为,应当认定为一个违法行为。例如,经营者虚假宣传其产品获得专利的行为,同时违反了专利法和反不正当竞争法,这时应当优先适用专利法关于假冒专利的规定。这是因为专利法关于假冒专利行为的规定相对于反不正当竞争法是特别法,应当优先适用专利法关于假冒专利的规定。又如,经营者利用产品标签对产品的成分、性能、功能等作虚假宣传,同时该行为又违反了产品质量法、商标法、标准化法、认证认可条例、食品安全法等关于产品标签及有关商品标注内容的规定时,构成法条竞合、想象竞合等情形,这时应当按照特别法优于普通法的原则或者选择处罚重的法条进行定性处罚。

二、网络需要宣传行为案例分析

本案是深圳首例对以组织第三方冒充真实用户在问答平台发布模拟用户体验内容问答的方式，帮助其他经营者作虚假或引人误解的商业宣传违法行为进行查处的案例。通过对此类互联网服务企业的严厉惩罚，可以对互联网口碑营销服务提供者起到震慑作用，从而净化互联网问答咨询平台和服务环境。本案入选广东省 2022 年反不正当竞争执法十大典型案例。

（一）案情介绍

根据中央电视台 3·15 晚会报道的线索，2022 年 3 月 15 日至 3 月 16 日，宝安局执法人员对当事人深圳英迈思信息技术有限公司的经营场所进行执法检查。经查实，当事人存在两个违法行为。

第一，组织帮助其他经营者作虚假或引人误解的商业宣传。当事人受客户委托，在部分网络平台发布一问一答或一问多答，该问答主要是委托第三方冒充用户、发布模拟真实用户体验的内容。当事人从 2017 年 9 月至 2022 年 3 月 15 日执法人员检查为止，一共签订了 92 份包含问答维护类的产品服务购买合同，约定发布问答组数为 15274 组（一问一答或一问多答为一组），合同金额共计 850402 元。当事人已经为 86 个客户完成发布 10284 组问答，其中有虚假或引人误解内容的问答共 7355 组，对应的问答服务金额共计 399966.02 元。

第二，虚假宣传。当事人在经营场所门口制作了墙体标语，包括"嗨美丽美容职业技术学院——中国美业店长的黄埔军校""教育理念、名师专家、教育目标、梦想教育、全人教育"等内容。当事人主要从事"嗨美丽美业管理软件"销售，并没有从事美业行业培训工作，也没有成立嗨美丽美容职业技术学院，故无法提供上述宣传内容的依据。当事人作上述宣传的目的是让客户相信其是专业从事美业软件和美业培训的，拥有相应的培训学校、培训师资等，目的是能更好地销售"嗨美丽美业管理软件"。

据此，宝安局认为，当事人以组织第三方冒充真实用户在相关平台发布模拟用户体验内容问答的方式，帮助其客户在互联网增加更多的正面口碑的行为，违反了反不正当竞争法第八条第二款的规定。当事人在经营场所门口通过墙体标语进行虚假宣传的行为，违反了反不正当竞争法第八条第一款的规定。对当事人组织帮助其他经营者作虚假或引人误解的商业宣传的行为，依据反不正当竞争法第二十条第一款的规定，处以罚款 130 万元。对当事人虚假宣传的行为，依据反不正当竞争法第二十条第一款的规定，处以罚款 20 万元。

（二）办案特点

第一，面对重大案情，案件定性无先例。办案人员连夜进行讨论研究，第一时间向市局进行口头请示，并在现场保持与市局实时沟通，实时将检查情况向市局汇报，及时得到上级机关的指导，确定了案件的突破方向和取证方向。执法人员认为，问答中存在冒充真实用户发布用户评价的内容，会误导其他消费者的判断，属虚假宣传。而当事人的行为属于通过该方式帮助其他经营者作虚假宣传。办案人员一鼓作气、通宵查办至次日早晨完成了取证和初步调查工作。

第二，借助高科技、云技术手段取证固证。案发时正值新冠疫情期间，一面是案件取证固证紧迫性非常强，一面是司法鉴定机构无法赶赴现场。案发当晚，市局领导深夜协助宝安局办案人员使用鸿蒙协同云平台，顺利完成后台数据线上证据调取固证，最终顺利完成了后续检定工作。这种借助高科技、云技术手段的取证固证方法，也为以后查办此类涉及大量互联网数据的案件提供了借鉴和参考。

第三，案件涉及的数据异常庞大，筛选过程耗费大量人力物力。截至 2022 年 3 月 15 日，当事人实际已为 86 个客户在问答平台发布了 10284 组问答。对已发布的 10284 组问答，办案人员除通过司法鉴定机构固证及鉴定之外，还需逐条认真核对，剔除掉客观事实描述的问答，认定冒充消费者身份杜撰的含有用户主观体验、主观判断内容的问答为虚假宣传内容，最终确认了含有虚假或引人误解内容的问答 7000 余组。

（三）案件分析

第一，如何认定问答服务的内容属于虚假或引人误解？经调查发现，当事人组织的在问答平台提问的人及回答问题的人都是虚拟人的账号（俗称水军），已发布的10284组问答内容存在两大类型：一是公司规模、产品性能介绍等客观描述；二是冒充真实用户发布模拟真实用户主观体验、主观判断等有真实用户参与的用户评价内容。在此案的办理过程中，办案人员也存在不同意见，主要集中在公司规模、产品性能介绍等客观描述的问答属不属于虚假宣传，经过反复和法制机构讨论，并与检察机关多次沟通，最终确定前者不属于虚假宣传，只认定后者属于虚假宣传或引人误解。

第二，如何落实过罚相当？此案经央视曝光，社会影响巨大，按照以往做法，往往是顶格处罚200万元并吊销营业执照。然而，考虑到本案的具体情况，一是如果处罚过重，该公司将面临倒闭，公司200多名员工将面临失业。二是办案过程中，当事人主动配合收集及提供违法证据，积极消除不良影响，认错态度良好，宝安局认定当事人违法行为属情节严重，但未作顶格处罚，处罚款130万元。

第六章

诉讼与仲裁法律知识

法律诉讼因其具有正统性、权威性已成为最主要的争议解决机制，其仲裁高效、便利、成本低廉的优势也逐步得到人们的认同。仲裁在解决商事争议中的重要作用已越来越受到人们的重视，特别是对于国际商事争议，基于复杂原因，各方更愿意选择仲裁途径予以解决。本章就对诉讼和仲裁两项法律知识展开分析。

第一节 民事诉讼基本理论

在诉讼与非诉讼程序法中，民事诉讼法是一个重要的组成部分，是调整民事诉讼法律关系的法律规范。自1991年4月9日首次颁布《中华人民共和国民事诉讼法》以来，国家分别于2007年、2012年、2017年、2021年、2023年9月1日，根据社会发展的实际情况对其进行相应的修正。民事诉讼是国家强制解决民事纠纷的一种方式，是权利主体凭借国家公权力实现民事权利的司法救济方式，是具有程序性、强制性、终局性和权威性的纠纷解决方式。

一、民事诉讼法的概念与性质

民事诉讼作为国家依据公权力解决民事纠纷和保护民事权益的一种正式方式，必然要求法律化，即以法律形式调整、规范民事诉讼。民事诉讼法作为最为基本的民事程序法，规定了进行民事诉讼活动的基本原则、程序步骤、方式和效力等，也规定了法院和当事人、其他诉讼参与人的诉讼权利和诉讼义务。民事诉讼法既是法院审判民事案件的准则，又是当事人、其他诉讼参与人进行诉讼活动的准则。[①] 民事诉讼法具有如下几点性质。

（一）民事诉讼法是基本法

在一个国家的法律体系中，依各个法律的地位和作用的不同，可将其分为根本法、基本法和一般法，其中基本法的效力低于宪法但高于一般法。民事诉讼法是基本法，它充分地体现了国家对民事诉讼的基本要求，是由国家最高权力机关制定与修改的，是仲裁法等其他民事程序法

① 吴新梅，等．民事诉讼法[M]．杭州：浙江大学出版社，2013.

制定时可以参考的依据。没有民事诉讼法,民事实体法所规定的权利将失去强有力的司法保护;没有民事诉讼法,法院难以实现自己的审判权;没有民事诉讼法,当事人将难以实现自己的诉权。作为基本法,民事诉讼法与仲裁法等共同构成完整的民事程序法律体系。

(二)民事诉讼法是程序法

在法学理论中,人们一般把法律分为实体法和程序法两大类。凡规定公民、法人在现实生活中的权利义务者为实体法;凡规定公民、法人行为方式或行为过程的法律称为程序法,民事诉讼法属于程序法。民事诉讼法是民事程序法的主要组成部分,是其他民事程序法的制定基础,在民事程序法中起主导作用。民事诉讼法规定当事人如何起诉、应诉、进行诉讼,法院如何循序渐进地公正、公平地解决纠纷、平息矛盾,其他诉讼参与人如何参与诉讼等。

(三)民事诉讼法是部门法

民事诉讼法只调整民事纠纷,对于其他纠纷如行政纠纷由其他法律部门调整。

(四)民事诉讼法是公法

一个国家的法律,依其调整的社会关系以及规范的对象不同,可以分为公法与私法。民事诉讼法专门调整民事诉讼法律关系主体的诉讼行为及其相互关系,规范国家法院行使审判权、解决民事纠纷的程序。这与规范平等主体之间的民事权利义务关系的私法不同,其性质属于公法。但是,由于民事诉讼解决的纠纷是民事纠纷,这种纠纷是平等主体之间的私权纠纷。因此,作为公法的民事诉讼法与纯粹公法性质的刑法、刑事诉讼法又有所不同,民事诉讼法以私法的自治原则为基础。

二、民事诉讼法的基本原则

与共有原则相比,特有原则在民事诉讼中发挥着比较具体的作用,在我国民事诉讼法的制定和实施过程中具有较强的适用性,下面就依据民事诉讼法的特有原则对我国民事诉讼法适用的基本原则进行具体分析。

(一)当事人诉讼权利平等原则

民事诉讼法第八条规定:“民事诉讼当事人有平等的诉讼权利。人民法院审理民事案件,应当保障和便利当事人行使诉讼权利,对当事人在适用法律上一律平等。”这是当事人诉讼权利平等原则的法律依据。

1. 当事人诉讼权利平等原则的含义

所谓当事人诉讼权利平等原则,是指当事人在民事诉讼中地位平等,并享有同等的诉讼权利,人民法院应当一视同仁地为双方提供保障和便利。

赋予民事诉讼程序中的当事人平等的诉讼权利是宪法中平等原则的要求。我国宪法第三十三条第二款规定:“中华人民共和国公民在法律面前一律平等。”可以说,民事诉讼法中的平等原则贯彻了宪法中平等原则的精神,它规定当事人在民事诉讼中拥有平等的诉讼地位,具有同等的诉讼权利和诉讼义务,并且都受到法律的保护。

赋予民事诉讼程序中当事人平等的诉讼权利是民事实体法中的私权平等原则的体现。民事主体在民事法律关系中平等地享有权利、履行义务。作为民事实体法的自然延伸,平等原则也是民事诉讼的基本原则。民事诉讼法的工具价值之一就是保障实体法的实现,所以民事诉讼法中也要贯彻民事实体法的一些精神和理念。只有当事人在诉讼中享有平等的诉讼地位,才能保障民事实体法上平等原则的实现。

赋予民事诉讼程序中的当事人平等的诉讼权利也是程序公正的应有之义,体现了民事诉讼程序的核心价值。当代法治社会,程序公正越来越受到人们的重视,成为司法公正的一个重要方面。在民事诉讼中,程序公正的基本要求就是当事人诉讼地位平等,否则程序公正就无法实现,司法的公正性就会受到质疑。因此,当事人诉讼权利平等是程序公正的必然要求。

2. 当事人诉讼权利平等原则的内容

当事人诉讼权利平等原则主要包括以下几个方面的内容。

（1）当事人诉讼地位平等。当事人诉讼地位平等是指在民事诉讼中不管是原告、被告还是第三人，也无论当事人民族、性别、职业、社会出身、政治背景、宗教信仰、文化程度、经济状况等的差异，诉讼地位都是平等的，人民法院应当一视同仁地对待他们。

（2）当事人诉讼权利与诉讼义务对等。当事人享有同等的诉讼权利，承担对等的诉讼义务。当事人在诉讼权利上，有些权利是完全相同的，有些权利是不相同而是相对应的。例如，原告有起诉权、提出请求权；被告有反诉权、反驳诉讼请求权。再如，在应当出庭的情况下，原告不出庭或者中途退庭，法院可以按撤诉处理或者做出缺席判决。被告不出庭，法院可以对其进行拘传或做出缺席判决。这些对等性的权利虽然因发起诉讼的先后有差异，但只具有形式上的意义，这些不同而相对应的诉讼权利和诉讼义务，正是表明了当事人的诉讼地位是平等的。

（3）当事人在法律适用上平等。在民事诉讼过程中，保障当事人诉讼权的平等实现是人民法院的职责，人民法院不仅应当保障当事人诉讼权利的实现，而且还应当保障当事人平等地实现其实体权利，这就要求对待当事人双方在适用法律上应当完全平等。法院在做出裁判时要严格依照法律进行，排除不相关因素的干扰。对一切诉讼当事人，无论其性别、年龄、民族、出身、宗教信仰、文化程度、财产状况如何，也无论其职业身份、家庭背景、社会关系如何，人民法院均应为其平等地提供行使诉讼权利的条件和手段，无差别地给予双方当事人同等或者对等的司法保护。可以说，当事人在法律适用上的平等，一方面是对法律面前人人平等原则的具体实践，另一方面也是人民法院依法履行职权的要求。在司法过程中，只有不断排除一切特权意识以及特权行为，对待当事人双方一视同仁，才能促进司法公正的真正实现。

3. 当事人诉讼权利平等原则的实现途径

为实现当事人诉讼权利的平等，具体应做到以下两点。

第一，对当事人的诉讼行为提出更高层次的要求。要求当事人在实现自身利益的同时促进对方利益的最大化，不得滥用诉讼程序的控制权，或制造虚假的诉讼状态损害对方当事人的合法权益。

第二，通过赋予法官阐明权，纠正当事人诉讼能力的不平衡状态。所谓阐明权，是指在民事诉讼中，如果当事人的陈述表达不明确、提供的内容不充分，诉讼主张不当，或者所举的证据材料不够，法官就有权对当事人进行提问，让当事人将不明确的表述进行澄清，并补充证据材料，更正不当的主张。

（二）辩论原则

民事诉讼法第十二条规定："人民法院审理民事案件时，当事人有权进行辩论。"该条文是民事诉讼法对辩论原则的规定，是辩论原则的法律依据。

1. 辩论原则的含义

我国民事诉讼中的辩论原则是指在人民法院的主持下，当事人有权就案件事实认定、法律适用及诉讼程序问题，各自陈述自己的意见和主张，互相进行反驳和辩论，以维护自己的合法权益。

2. 辩论原则的内容

我国民事诉讼法通过确立辩论原则，实现了对当事人辩论权行使的保障。辩论权原则主要有以下几个方面的内容。

（1）辩论的主体限于当事人及其诉讼代理人。辩论权是当事人的诉讼权利，在诉讼过程中，当事人有权进行辩论。当事人的法定诉讼代理人基于他的特殊地位，在诉讼中代为行使诉讼权利，进行辩论。委托诉讼代理人基于授权委托，在诉讼中代理当事人行使辩论权。

（2）辩论的形式包括口头和书面两种。辩论既可以通过口头形式进行，也可以通过书面形式进行。口头形式的辩论常见于诉讼程序中，以口头方式进行辩论，便于当事人随时阐明自己的主张，随时对他方观点作辩驳。但是，口头行使辩论权容易受到当事人情绪、表达能力等主观条件的影响，不利于精确传达当事人的意见或主张。因此，允许当事人以书面方式行使辩论权将有利于弥补口头辩论之不足。同时，对于案件审理有重要意义的主张、反驳意见的提出，应当以书面形式为原则，口头形式为例外。

（3）辩论的内容包括程序问题、实体问题和证据问题。程序问题包括当事人是否合格，当事人的某项诉讼行为是否符合法定要求以及代理人是否有代理权等，当事人双方均可依据自己的意志提出否定或者肯定的意见。实体方面的问题通常是辩论的焦点，借助于辩论过程所获得的诉讼资料成为人民法院认定案件事实的基础，进而成为本案裁判的基础。

（4）辩论权的行使贯穿于诉讼全过程。辩论原则的适用贯穿于具体案件某一审判程序的全过程，不能把辩论原则的适用理解为仅限于开庭审理中的法庭辩论阶段。原告起诉后，被告即可答辩，起诉和答辩就构成了一种辩论。在诉讼的整个过程中，当事人双方均可展开辩论。

（5）辩论具有约束性。如果当事人的辩论对法官的裁判不具有约束性，法官可以超越当事人在诉讼中提出的权利主张与事实主张做出裁判，辩论原则就没有任何实质意义，当事人辩论权利的行使将很可能被"过场化"。辩论原则的约束性是审判权性质和程序正义的要求。审判权的性质是消极中立的，这也是程序正义的基本要求。人民法院的事实调查超出当事人事实主张的范围，法官的判决超出当事人权利主张的范围，法官就极有可能偏离中立的立场，就可能偏袒一方当事人，不能做到通过诉讼过程使判决正当化，最终使审判权威受到损害。具体而言，在理解约束性辩论原则时应当注意以下几点。

第一，人民法院在做出判决时，应考虑当事人在诉讼请求中主张的范围。

第二，人民法院只可以按照当事人在诉讼中指明的诉讼标的进行裁判。也就是说，法院裁判的诉讼标的应与当事人主张的诉讼标的统一。

第三，法院裁判要以当事人的主张为依据，其中包括当事人向法院提出的证据线索。

第四，辩论原则虽然使人民法院处于相对被动的地位，但并不是说人民法院完全没有作为。

（三）检察监督原则

民事诉讼法第十四条规定："人民检察院有权对民事诉讼实行法律监督。"这是检察监督原则的法律依据。

1. 检察监督原则的含义

检察监督原则是指人民检察院具有对民事诉讼活动进行法律监督的权利,人民法院及其他诉讼参与者都应接受人民检察院的合法监督。人民检察院根据法律规定独立行使检察权,不受行政机关、社会团体以及个人的干涉。依法接受人民检察院的法律监督,是中华人民共和国每一个公民、法人和其他组织的义务。

2. 检察监督原则的特征

按照我国现行民事诉讼法的规定,民事诉讼中的检察监督原则具有以下几个方面的特征。

(1)监督范围全面性。根据民事诉讼法的规定,检察机关对民事诉讼的监督范围不仅包括审判活动,还包括调解活动和执行活动。同时还包括对法院的判决与裁定的监督、对民事调解书的监督、对审理结果的监督、对审理过程的监督。

(2)监督时间的全程性。检察机关监督权的行使贯穿民事诉讼活动的全过程,包括对诉前、诉中、诉后、执行等各个阶段的监督。依据民事诉讼法的规定,我国民事诉讼检察监督不仅在判决、裁定、调解书生效后可以进行,而且在案件审理过程中也可以进行。

综上所述,宪法规定了检察机关有权对民事诉讼活动实行法律监督。人民检察院对民事诉讼活动实行法律监督,既能够有效维护社会主义法治,又能够有效保障人民法院依法行使审判权、正确审理民事案件,也能够对当事人的合法权益进行有效保护。

第二节　行政诉讼基本理论

行政诉讼是我国用以解决行政争议的一项法定制度。同时,行政诉讼相关问题的研究也是学术界和法律界密切关注的热点内容和议题。本章就围绕行政诉讼相关的内容进行探讨和分析。

一、行政诉讼的一般性论述

为了对行政诉讼有更系统、更深入地理解和认识，下面就结合行政诉讼的概念和特征、性质以及行政诉讼与民事诉讼、刑事诉讼的区别，行政诉讼法的概念、特征以及基本原则相关的内容进行具体论述和分析。

（一）行政诉讼的概念

关于行政诉讼的概念，国家的法治体系不同说法也不同。

在西方国家，行政诉讼即法院依据行政相对人的申请，对行政机关的行政行为进行审查与裁判，看其是否违背宪法或其他法律的一种诉讼活动，又被称为“司法审查”。

法国是行政诉讼制度的策源地。在法国行政法律体系中，行政诉讼指的是在审理行政具体的案件时，有专门独立的行政审判法院，这些行政审判法院依据独立、专门的行政诉讼规则对一些具体的行政行为活动进行审查。

在我国，不同学者从自己的研究角度出发，对行政诉讼的认识也有所不同。有一部分学者将行政诉讼归结为依托诉讼的方式来解决行政争议的制度的总称。还有一部分学者认为，在我国行政诉讼法还没有出台之前，在行政法界有关行政诉讼的界定至少有 14 种。在行政诉讼法出台之后，学者们通常都采取行政诉讼法的相关条款对行政诉讼进行界定。行政诉讼法第二条规定：“公民、法人或者其他组织认为行政机关和行政机关工作人员的行政行为侵犯其合法权益，有权依照本法向人民法院提起诉讼。前款所称行政行为，包括法律、法规、规章授权的组织作出的行政行为。”

综上所述，关于行政诉讼概念的界定是存在着一些差异的，但是，行政诉讼是解决行政案件的司法活动，是法院旨在保护行政相对人合法权益的诉讼这一观点基本是相同的。

（二）行政诉讼的特征

根据我国法学家所提出的观点，行政诉讼法的特征主要表现在如下几个方面。

（1）行政诉讼作为一种诉讼活动，主要是为了解决行政争议。存在争议的一方行政相对人，依据行政法相关规定，向与争议双方不存在利害关系的审判机关人民法院，根据司法程序顺利解决与对方当事人行政主体之间的行政争议，是一种典型的诉讼活动。

（2）在行政诉讼中，原告只能是行政争议中的一方行政相对人，其认定行政机关在行使行政权力的过程中侵犯了自己的合法权益，这里的行政相对人可以是公民、法人，也可以是其他组织。在行政诉讼中，只要原告认为自己的合法权益受到了侵害，就可以提起行政诉讼，至于其行政权益是否真的受到了侵害，需要经过法院审理后进行判定。

（3）行政诉讼法的被告只能是作出行政行为的行政机关（涉及法律、法规、规章授权的组织）。一般意义上，行政机关是不能作为行政诉讼的原告，因为行政机关实施行政行为时处于行政主体的地位，拥有实现其代表国家意志的手段，因而它并不需要通过作为原告提起诉讼的方式来实现其行政行为。

（三）行政诉讼的性质

对行政主体来说，行政诉讼属于一种法律监督制度；对行政相对人来说，行政诉讼则属于一种行政法律救济制度。从国家法律制度层面进行分析，行政诉讼同民事诉讼、刑事诉讼，共同构成了国家司法制度中的三大基本诉讼制度。在此，将行政诉讼的性质归纳为以下几点。

1. 行政诉讼属于一种司法审查制度

行政诉讼在行政法治监督保障体系中，是一项必不可少的对行政行为进行事后法律监督的制度。行政诉讼的功能主要是对行政机关依法行使的职权进行监督。

人民法院通过审理行政案件发现被诉的行政行为违反法律、法规规定或认定事实不清，可运用国家司法权，撤销违法行政行为，或责令行政机关重新作出行政行为。在行政诉讼的过程中，人民法院发现与被诉行政行为有关的人和事违法或有其他需要改正的行为瑕疵，还可向行政机关提出司法建议，要求行政机关对其进行纠正。这种在国家制度体系中设计的国家司法权对行政权实行制约和监督的机制，旨在通过最终的司法决断来确保行政机关严格执行法律法规，依法进行行政管理。

2. 行政诉讼属于一种行政法律救济制度

"救济"是一种权利保障机制，主要对法律行为主体的合法权益进行保障。当行政机关作出一定的行政行为且已经产生法律效力时，如果行政相对人不服，就有权利请求国家行政机关对这种行政行为进行审查，进而对这种行为予以撤销，同时恢复或补救行政相对人被之前行政行为所侵犯的合法权益。除了行政诉讼，行政程序中的救济行为还包括行政复议、申诉、国家赔偿等方面。

对于任何一项法律而言，权利与义务是共生共存的，既然存在救济的法律制度，那么就必然存在确定这项法律制度的原则与依据。行政诉讼制度的制定主要是为了对行政机关的行政行为进行依法监督，以确保国家法律得到合理、公正的执行，进而保护行政相对人的合法权益。当行政相对人的合法权益受到侵害时，他们可以通过救济制度挽回自己被侵害的权益。

3. 行政诉讼属于国家三大基本诉讼制度组成部分

行政诉讼是解决行政主体与行政相对人行政争议的一种诉讼制度。从法院解决纠纷这一层意义上进行分析，行政诉讼同民事诉讼、刑事诉讼一样，都是构成我国三大诉讼制度的一个组成部分。同民事诉讼、刑事诉讼相比，行政诉讼所反映的是行政权力同司法权力这两种权力之间的关系，而"反观民事诉讼和刑事诉讼，均不反映一种国家权力与另一种国家权力之间的关系。正是基于行政诉讼的这一特征，一些国家将行政诉讼称为司法审查"。[①]

一个国家解决行政争议的制度常常有多种方式和途径可供选择。例如，行政复议制度、行政调解制度等。这些属于行政系统内的争议解决机制。行政诉讼作为行政系统外的一种司法制度，其程序更为严格，更具权威性。行政诉讼是解决行政争议的司法方式，其同行政调解、行政复议等制度相衔接，不仅如此，行政诉讼还通常会将行政复议、行政处理当作直接的审查对象。

① 张树义．行政法与行政诉讼法[M]．北京：高等教育出版社，2007.

（四）行政诉讼与民事诉讼、刑事诉讼的区别

1. 行政诉讼和民事诉讼的区别

（1）案件性质有区别。对于民事诉讼而言，其审理对象为民事争议，目的是通过审理民事案件解决其中的争议问题，进而合理确认民事相关的权利与义务，对相应的民事违法行为实施制裁，以确保公民、集体、国家的合法权益，维护国家民事法律秩序的正常运转。

对于行政诉讼而言，审理的对象主要是行政争议，这种争议来自国家各个层级的行政机关，是国家行政管理的机构。这种诉讼的目的主要在于审查行政机关行政行为的合法性。行政诉讼不仅可以保护行政相对人自身的合法权益，而且还可以对国家行政机关的行政行为进行监督，进而维护国家行政秩序的运转。

（2）诉讼主体有区别。对于民事诉讼而言，诉讼的主体主要是公民之间、法人之间，以及公民与法人之间。换言之，民事诉讼的当事人在诉讼地位上缺乏恒定性，被告的范围比较广泛，如可以是公民、法人、其他组织、行政机关。

对于行政诉讼而言，其主体的地位相对比较恒定，即只能是国家机关或者被法律授权的组织。行政权力具有专属性的鲜明特点，这种特点要求行政诉讼的被告只能是行政主体。在行政诉讼中，其原告可以是法人、公民，或者其他组织，还可以是另外的国家某一机关。

（3）所适用的法律规范有区别。虽然有时候行政诉讼与民事诉讼在适用的法律上会出现交叉现象，不过一般而言这两种诉讼所适用的法律规范是不同的。民事诉讼适用的法律规范是民事法律，行政诉讼适用的法律规范则是行政法律。

（4）诉讼权利有区别。在民事诉讼中，诉讼主体的双方在法律地位上往往是平等的，即双方所拥有的法律权利、义务是一致的，如原告拥有起诉的权利，那么被告就拥有反诉权、应诉权。

在行政诉讼中，行政相对人双方的法律权利、义务往往呈现出一种不对等的状态。例如，公民享有起诉权，而执行行政行为的行政机关就没有起诉或反诉的权利。原因主要是因为行政行为本身具有单方面的意志性与公定力，行政主体不需要提起诉讼就可以自行决定与单方

实施。

（5）起诉先行条件有区别。在起诉条件上，行政诉讼与民事诉讼不同。对于行政诉讼而言，起诉的先行条件是存在某一个具体的行政行为；对于民事诉讼而言，在起诉条件上是不存在这种限制的。

（6）调解原则的适用有区别。在调解原则上，民事诉讼与行政诉讼也不同。在行政诉讼的过程中，依据法律规定不允许使用调解原则，各级人民法院对于当事人之间所具有的争议不得进行调解，更不能通过调解来裁定案件。

在民事诉讼的过程中，调解原则是非常重要的，在具体的审理过程中，调解是诉讼的一项必经程序，往往贯穿于整个民事诉讼的始终。而各级人民法院也可以通过调解来解决和裁定案件。

2. 行政诉讼和刑事诉讼的区别

（1）案件性质存在区别。对于刑事诉讼而言，针对的对象主要是涉嫌触犯法律的犯罪嫌疑人，对这些犯罪嫌疑人的处理属于刑事犯罪，最终很可能会接受严重的刑事处罚。这类案件的目的在于惩罚犯罪，切实保护人民群众的合法权益。对于行政诉讼而言，审理的对象主要是行政案件，被告人大多属于行政机关，这类案件发起诉讼主要是为了解决行政程序过程中的各种纠纷，以切实维护当事人所拥有的合法权益。

（2）起诉人不同。在刑事诉讼案件中，如果案件属于公诉性质，那么起诉方通常为人民检察院，代表国家行使起诉权；如果是自诉案件，则起诉人通常为被害人、被害人的代理人进行起诉。对于行政诉讼而言，这类案件的起诉人通常是行政程序行为的相对一方。

（3）适用法律范围不同。通常而言，刑事诉讼适用的法律范围主要是刑事法律，而行政诉讼案件所适用的法律范围主要是行政法律。虽然二者在某些特殊的案件中存在法律交叉的现象，但大部分情况下这两种案件所适用的法律范围是不同的。

（4）举证责任不同。在举证责任方面，刑事诉讼案件的举证责任往往由自诉人、公诉人进行承担，而在行政诉讼类案件中，举证责任一般是由被告行政机关进行承担的。

（5）适用的强制措施不同。刑事诉讼的强制措施包括逮捕、拘留、监视居住地等，而行政诉讼案件中可以采取的强制措施一般包括训诫、拘留、罚款等。

二、审理与执行行政诉讼的研究

(一)行政诉讼审理对象研究

1. 行政诉讼审理对象的概念

行政诉讼的审理对象在整体上决定了诉讼活动的进程或安排,主要针对的是行政案件进入法院之后,法院需要审理这一问题。在审理过程中,行政案件中的法官、原告、被告以及其他诉讼参与人都需要围绕审理对象进行辩论与质证。可见,整个行政诉讼的案件主要针对的就是诉讼审理对象,所以审理对象决定了诉讼活动的发展方向,决定了原告的诉讼请求是否能够得到合理审判与解决。

2. 行政诉讼审理对象与民事诉讼、刑事诉讼审理对象的差异

首先,在民事法律关系中具有民事诉讼调解这种类型,因为主要承担的是民事责任,所以针对当事人之间法律行为所产生的纠纷,既可调解也可进行审判。

其次,在刑事诉讼中,审理的问题主要是犯罪人的行为是否构成犯罪,是否应该追究其刑事责任,也被称为“刑事审判对象”。

由上可知,民事诉讼与刑事诉讼这两类案件的审理对象主要解决的是原始层面的法律纠纷与争执;而行政诉讼的审理对象往往是行政行为是否合法,具有鲜明的独特性。

(二)行政诉讼的执行研究

1. 行政诉讼执行的含义

行政诉讼执行具体指的是法定有权机关对人民法院已经生效的行政判决、裁定或者调解书的执行。根据行政诉讼法的规定,我国行政诉讼执行制度具有如下特征。

其一,行政诉讼执行依据是发生法律效力的人民法院的判决、裁定

或者调解书。这有两层意思，第一层意思指的是人民法院判决、裁定或调解书以外的有法律效力的决定，不是行政诉讼执行的依据。第二层意思指的是人民法院的判决、裁定或调解书，只有在发生法律效力以后才能成为行政诉讼的执行依据。

其二，行政诉讼执行主体不仅包括人民法院，还包括具有行政强制执行权的相关行政机关。这一点与对未经行政诉讼却具有强制执行力的行政行为的执行相同。行政诉讼法第九十五条规定："公民、法人或者其他组织拒绝履行判决、裁定、调解书的，行政机关或者第三人可以向第一审人民法院申请强制执行，或者由行政机关依法强制执行。"行政诉讼执行对象不仅包括公民、法人和其他组织，还包括行政机关。

既然行政诉讼的执行依据是人民法院的行政判决、裁定或调解书，那就自然涉及行政机关败诉或承担责任的情形。这样的行政法律文书生效后，行政机关在规定的期限内不履行判决义务，法院执行机构应对其采取相应的强制执行措施，以促使行政机关履行判决义务。

行政诉讼执行的目的是实现已经生效的行政判决、裁定、行政赔偿调解书所确定的义务。从本质上进行分析，行政诉讼执行本身并不具有对义务进行重新调整或者重新确定的功能，只不过是实现义务人本来应该自动履行的义务的方法。

由此，行政诉讼执行只能以实现已经生效的行政判决、裁定、行政赔偿、补偿调解书所确定的义务为限度，绝不能也不允许超出这个限度。

2. 新法对行政诉讼执行文书范围的扩大

执行文书，是权利人依照法律规定据以申请执行的凭证，也是执行机关采取执行措施的根据。旧法只规定了执行判决书和裁定书，而新法在坚持行政诉讼不适用调解原则的前提下增加了例外情形，即法院可以就"行政赔偿、补偿以及行政机关行使法律、法规规定的自由裁量权的案件"进行调解，因而，这里的调解书应当包括该调解范围内的法律文书。除此之外，调解书还应当包括行政附带民事诉讼的调解书。

调解书是行政诉讼当事人解决行政争议所达成的合意，生效的调解书具有以下法律效力：确定当事人间的法律关系的效力；结束诉讼的效力；具有强制执行的效力。

通常来讲，对行政诉讼调解书当事人都会自觉履行，不发生强制执行的问题，但实践中也有少数当事人不履行调解书的现象。将调解书纳入执行的范围，可以使得调解书内容的执行得到法律保障，以维护当事人的合法权益，进而有利于法律秩序的稳定。

3. 行政诉讼执行的其他问题

（1）行政诉讼执行管辖。行政诉讼执行管辖所要解决的问题，是已经发生法律效力的行政判决、裁定或调解书，根据法律由何地何级别哪个机关来执行。行政诉讼执行管辖与行政诉讼管辖密切相关。在我国，对行政诉讼判决、裁定的执行机关，原则上是行政案件的第一审人民法院。一审人民法院认为情况特殊需要由二审人民法院执行的，可以报请二审人民法院执行；二审人民法院可以决定由其执行，也可以决定由一审人民法院执行。

因为一审人民法院与被告行政机关之间的关系往往是十分复杂的，所以由一审人民法院负责执行的原则规定在很大程度上增加了行政机关干预人民法院执行工作的可能性。因此，明确第二审人民法院的执行义务，规定在某些情况下行政诉讼执行当由第二审人民法院来完成，可以弥补这一可能发生的法律障碍。

（2）行政诉讼执行时间。新法第九十六条没有明确规定行政诉讼执行时间，仅规定："行政机关拒绝履行判决、裁定、调解书的，第一审人民法院可以采取下列措施……（二）在规定期限内不履行的，从期满之日起，对该行政机关负责人按日处五十元至一百元的罚款。"

"规定期限"通常是人民法院在具体行政判决、裁定中确定的期限，且该执行措施仅适用于"行政机关拒绝履行判决、裁定"，行政诉讼法并没有规定申请执行期限，这需要司法解释予以明确。

（3）非诉执行问题。行政诉讼法第九十七条规定："公民、法人或者其他组织对行政行为在法定期限内不提起诉讼又不履行的，行政机关可以申请人民法院强制执行，或者依法强制执行。"这是对非诉执行的规定，新法沿用了旧法的规定。这种规定实际上是存在问题的。对执行制度可分为两种情形。

①行政诉讼执行制度，即人民法院或相关有权行政机关对人民法院已经生效的法律文书的执行。

②对未经行政诉讼却具有强制执行力的行政行为的执行制度，即人民法院或相关有权行政机关对公民、法人或者其他组织拒不履行具有强制执行力的行政决定的执行。

这是两种性质迥异的执行制度。旧法颁行时,人们对于行政诉讼执行的含义存在一些模糊认识,混淆了两种不同性质的执行尚情有可原,而在新法修改时,仍要沿用旧法的规定,就不应该了,对后者应从行政诉讼法中予以删除。非诉执行的规定应放在行政强制法、行政处罚法中予以规定。

除了上述所分析的问题之外,关于行政诉讼执行的具体程序问题,新法中与之相关的内容相对比较少。然而,新法第一百零一条规定:“人民法院审理行政案件,关于期间、送达、财产保全、开庭审理、调解、中止诉讼、终结诉讼、简易程序、执行等,以及人民检察院对行政案件受理、审理、裁判、执行的监督,本法没有规定的,适用《中华人民共和国民事诉讼法》的相关规定。”因此,有关执行的内容,行政诉讼法没有规定的,可以适用民事诉讼法的相关规定。

第三节　刑事诉讼基本理论

刑事诉讼法是指国家制定或认可的用于对刑事诉讼活动进行调整的法律规范的总称。刑事诉讼法是我国法律体系中的一个重要构成部分,它对公安司法机关以及诉讼参与人参加的刑事诉讼活动进行调整,是一种对犯罪行为进行揭露、证实、惩罚的活动。

一、刑事诉讼的概念

我国的刑事诉讼是指公安司法机关在法律争议当事人以及其他诉讼参与人的参加下,按照一定的法律程序和要求,解决被追诉者刑事责任问题的活动。

每一个刑事诉讼阶段都是完整的相对独立的程序,这些阶段具有自身的直接任务和形式。一般情况下,按照以下标准进行刑事诉讼阶段的划分。

（一）直接任务

不同刑事诉讼阶段会有不同的直接任务。例如，侦查程序的直接任务是进行相关证据的收集，查明犯罪事实，根据证据确定犯罪嫌疑人，有必要时还有羁押犯罪嫌疑人的任务。以公诉为例，起诉程序的直接任务是对侦查机关侦查终结后移送起诉的案件，从认定事实到适用法律的各个方面进行全面系统的审查，并按照实际情况以及法律规定决定是否提起公诉。

（二）参加诉讼的主体构成

根据刑事诉讼阶段的不同，参加诉讼的机关和个人构成也有所区别。例如，在刑事诉讼的侦查阶段主要是侦查机关或部门参加诉讼，起诉阶段主要是检察机关参加诉讼，审判阶段主要是法院参加诉讼。

（三）诉讼行为的方式

根据刑事诉讼的不同阶段，也会采取相应的诉讼方式。例如，在侦查阶段通常都是采取不公开的方式开展工作，按照法律规定进行专门调查工作并采取相应的强制性措施；在审判阶段通常采取法官主持的诉讼方式，并且还要保证在出庭支持公诉的检察官、双方当事人以及其他相关人员的参加下，对法律争议进行公平公正的开庭审理以及宣判。

（四）诉讼法律关系

刑事诉讼法律关系是指进行或参加刑事诉讼的机关或参与人，以刑事诉讼法的相关规定为基础形成的各种权利与义务的相互关系。不同的刑事诉讼阶段具有不同的直接任务、主体以及活动方式，因此它们的法律关系也存在一定差异。在审查起诉阶段，犯罪嫌疑人和检察官之间具有不平等的权利义务关系，而在审判阶段双方当事人具有法律上的平等关系。

(五)诉讼的总结性文书

在完成某一阶段任务时会有该阶段的总结性文书,而根据诉讼的不同阶段,总结性文书也各不相同。例如,起诉书、不起诉决定书是在审查起诉阶段完成任务后的总结性文书,判决书、裁定书是审判阶段完成任务的总结性文书。

按以上标准进行划分,我国的刑事诉讼过程可以分为立案、侦查、起诉、第一审、第二审和执行等阶段。除了这些基本程序外,还有两个特殊阶段,即死刑复核程序和审判监督程序。只有出现特定案件的情况时才会启用这类特殊程序,死刑复核程序是仅适用于判处死刑的案件的特殊阶段,审判监督程序是仅适用于裁判已生效的案件的特殊阶段。

刑事诉讼阶段和各个具体的诉讼程序之间存在一定联系,但二者之间也存在一定区别。刑事诉讼阶段指在对某个刑事案件进行处理的全部过程中,为了实现某项具体的直接任务而进行诉讼活动的过程,这个过程相对于整体过程来说具有相对独立性。具体的诉讼程序是指在具体的诉讼阶段中,为了实现直接任务而进行某些诉讼行为时采取的具体方式以及手续。

二、刑事诉讼的一般程序研究

刑事诉讼的一般程序包含立案程序、侦查程序、刑事审判、第一审判程序、第二审判程序、死刑复核程序、审判监督程序以及执行。大部分刑事案件均经过这些程序,但并非每一个刑事案件均需要完整地经过这些阶段。一些案件经过立案程序和侦查程序之后,公安部门或人民检察院撤销案件或没有起诉的,诉讼活动也就终止。而自诉案件没有经过侦查,也可以进入刑事审判阶段。

(一)立案程序

立案程序属于刑事诉讼的开启程序。科学、合理地启动立案程序,有助于司法机关保障广大公民的正当权益免受侵犯,与此同时也有利于做好司法工作,分析、研究每个时期的具体犯罪情况,有效地指导实际工作。立案程序同样是刑事诉讼的一道必经程序,是我国长时间司法实践经验的一种总结。

1. 立案程序的概念

所谓刑事诉讼中的立案程序指公安部门、人民检察院以及人民法院针对报案、指控、揭发和犯罪嫌疑人自首的材料予以审核、调查,依据事实和法律、法规,决定是不是作为刑事案件予以审判的诉讼程序。我国每一项刑事诉讼程序均是由立案这一程序开始的。所以,立案程序成为我国刑事诉讼开始的程序,是我国刑事诉讼环节中一个独立的诉讼阶段,也是我国刑事诉讼的启动程序。

公安部门、人民检察院或者人民法院针对报案、指控、揭发,均应当接受。对于那些不在自己管辖范围之内的案件,应当转移至主管部门予以处理,同时通知报案人、控告人、揭发人;对于那些不在自己管辖范围内而又务必进行紧急处理的,则需要先进行紧急处理然后转移至主管部门。需要说明的是,这里的“接受”,则指对与立案有关联的材料的接收,该活动并非等同于立案,究竟能不能立案还需要经过审核、调查之后才能够做出决定。司法部门对于报案、指控、揭发或犯罪嫌疑人的自首,不仅应当接受而且应当予以处理,同时不允许以任何理由进行推托、拒绝。需要说明的是,接受处理并不意味着立案。司法部门针对受理的报案、指控、揭发或犯罪嫌疑人自首的资料,均需要给予审核、调查,只有那些与立案条件相符的案件,才能给予立案;对于那些与立案条件不相符的,则需要做出不立案的决定,当然也可以转移至主管部门予以处理。

2. 立案的程序

(1)对立案材料的接受。公安部门、人民检察院以及人民法院针对报案、指控、揭发以及犯罪行为人的自首,均应该接受,不允许推托、拒绝。那些不在自己管辖范围内的案件,应当转移至主管部门予以处理,同时通知这些报案人、控告人、揭发人和自首的犯罪嫌疑人。对于那些不在自己管辖范围内的而又不得不采取紧急措施的,则需要首先采取紧急措施,从而防止犯罪嫌疑人逃亡、隐匿、自杀、行凶等对刑事诉讼活动造成影响的行为发生,然后转移至主管部门予以处理。

对于那些匿名的报案、指控、揭发来讲,司法部门需要持有谨慎的态度。而这种匿名行为背后有着错综复杂的原因，一些人也许是由于唯恐遭受恐吓、勒索而不敢使用真名，一些人也许会故意使用匿名谋害、诬陷其他人。所以，对匿名的报案、指控、揭发行为不仅需要给予高度重视，同时需要谨慎对待，对其给予认真审核、调查，从而对其是否进行立案做出正确决定。

(2)对立案材料的审查和处理。所谓对立案材料的审查则指公安部门、人民检察院以及人民法院针对立案资料在决定是否给予立案之前进行的分析和判定，其任务在于确定有没有犯罪事实发生，是否应该对行为人的刑事责任给予依法追究，从而为做出是否立案的决定提供必要的事实根据。因此，对立案材料的审查成为立案程序的一个关键环节。

在我国刑事诉讼法中有这样的规定，人民法院、人民检察院以及公安机关针对报案、指控、揭发和自首的资料，需要根据各自所管辖的范围，快速予以审核、调查。在司法实践过程中，司法部门在对立案材料给予审核、调查的时候，可以要求那些报案、指控、揭发的单位或个人做出一些补充，也可以给予必要的调查。司法部门在对立案材料给予审核、调查的时候，只要能够证明确实存在犯罪事实、依据法律规定需要追究行为人的刑事责任的证明标准均能够决定立案。

对立案材料给予审核、调查之后，公安部门、人民检察院以及人民法院需要做出正确的处理决定。该处理决定包括两种形式，一种是立案决定，另一种是不立案决定。

司法部门在对立案材料给予审核、调查之后，认为存在犯罪事实且依法追究犯罪行为人的刑事责任的，需要做出立案决定。

如果司法部门在对立案材料进行审核、调查之后，认为犯罪事实纯属子虚乌有，或者犯罪事实虽然存在但却显著轻微，不需要依法追究刑事责任，抑或是具备法律规定不必追究刑事责任的，那么则需要做出不立案决定。如果有控告人，那么则需要把不立案的具体原因通知控告人。在这种情况下，控告人如果不服，则享有申请复议的权利。

(二)侦查程序

侦查程序属于刑事诉讼的一个十分重要的程序。其中，侦查的主体指的是特定的司法部门。侦查部门需要依据法律正确行使国家的侦查权。侦查是一种诉讼活动，具备十分严格的法律性质，仅仅适用于同犯罪行为作斗争。而侦查的根本任务在于收集证据,查清案件事实真相,从而为提起公诉提供既正确又翔实的证据。侦查成为我国刑事诉讼中一个独立的诉讼阶段,同时是公诉案件的一项必经程序。

1. 侦查的概念

侦查是特定的司法部门为了证明犯罪事实确实存在和经搜查缴获犯罪行为而依据法律所进行的一项专门调查工作和所采取的一项强制性措施。换句话说,侦查指的是公安部门、人民检察院在处理刑事案件环节中,依法进行的一项专门调查工作和采取的一项强制性措施。

所谓侦查权则指依据法律收集证据、揭露和证明犯罪事实存在、经搜查缴获犯罪行为人且采取强制性措施的一项权力。同审判权和检察权一样,侦查权也属于国家司法权,成为国家权力一个十分重要的组成部分。各个侦查部门行使国家的侦查权,有着各自所侦查管辖的范围,侦查部门务必大力执行。

侦查属于一种诉讼活动,有着十分严格的法律性质。它仅仅适用于同犯罪行为作斗争,而不能应用在民事案件和行政案件方面,更不能应用在其他方面。如果滥用侦查权,必然会引发社会的混乱,侵犯广大人民群众的合法权利,如人身权利、民主权利、财产权利等诸多权利。

2. 侦查的程序

侦查行为,也称作侦查措施或者侦查活动。我国刑事诉讼法中有关侦查行为以及程序的规定,涉及不少程序,具体如下所示。

(1)讯问犯罪嫌疑人。所谓讯问犯罪嫌疑人则指侦查人员遵循法律规定的程序,采取言辞方式对那些犯罪嫌疑人调查、询问案件事实的一种侦查行为。需要注意的是,讯问犯罪嫌疑人务必通过人民检察院或公安部门的两名以上侦查人员负责进行。而这些犯罪嫌疑人在被侦查部门首次调查、询问之后或者采取强制性措施那天开始,有权委托律师作为自己的辩护人。

(2)询问证人。侦查人员调查询问证人,可以依法到证人所在的公司或者住所进行,不过务必出示自己的人民检察院或者公安部门的证明资料。在一些必要的场合中也可以通知这些证人就自己了解的案件事实做出陈述。询问证人除了需要个别进行之外,还需要同时告知他们应当如实地陈述案件事实,有意做出伪证或隐匿罪证会承担哪些法律责任。

（3）勘验、检查。所谓勘验、检查则指侦查人员对与犯罪案件有所关联的地点、物品、人身、尸体等给予查看和检查，达到发现和收集证据这一目的的一种侦查活动。我国刑事诉讼法规定，无论是哪一个单位还是个人均有义务保护犯罪现场，除此之外，还需要立即通知公安部门委派侦查员进行勘验。对于那些死因不清楚的尸体，公安部门可以对是否解剖做出决定。为了确定犯罪对象、犯罪嫌疑人某些方面的特征、受伤侵害情况或生理状况，能够对他们的人身给予检查。在一些必要的场合，经过公安部门的审核批准，能够对其进行侦查实验。

（4）搜查。为了收集犯罪证据，可以依法对那些犯罪嫌疑人以及存在可能性隐匿犯罪行为人或犯罪证据的人的身体、物品、住所以及其他相关的地方给予搜索和检查。在搜索和检查的时候，侦查人员务必向被搜查人出示自己的搜查证。不过在执行逮捕、拘留犯罪行为人或犯罪嫌疑人的时候，遇到一些突发、紧急情况，不出示搜查证也能够进行搜索、检查。在搜索、检查的时候需要有被搜查人或其家庭成员、邻居或者其他见证人在现场。

（5）查封、扣押物证、书证。在勘验、搜查过程中如果发现一些可以用来证明犯罪嫌疑人确实有罪或没有罪的各种各样的物品和文件，需要对其给予查封、扣押。侦查人员如果认为一些犯罪嫌疑人的邮件需要扣押的时候，在经过公安部门或人民检察院批准之后，就可以通知邮电部门把相关的邮件检查扣押。

（6）鉴定。鉴定的目的是查清犯罪事实，委派或聘请一些专业人士，针对某些专业的问题给予鉴别、判断的一种侦查方式。鉴定人在鉴定之后需要写下鉴定结论，同时签字或盖章。鉴定人如果故意弄虚作假给出假的鉴定结论的，需要承担法律责任。

（7）通缉。所谓通缉则指公安部门通缉逃亡在外的犯罪嫌疑人归案的一种侦查方法。这是搜捕的侦查措施。这里，通缉的对象务必符合法律规定的逮捕条件，是确实承担法律责任却不知去处的犯罪嫌疑人。各个级别的公安部门在各自的管辖范围内都可以依法对犯罪嫌疑人发出通缉令。没有在管辖范围内的，则需要撤销、请示有权决定的上一级别的公安部门发布。

（三）刑事起诉

1. 起诉的概念

所谓刑事起诉则指享有控诉权的国家部门和个人，依据法律对法院发起诉讼，请示法院针对所指控的内容给予审判、处理，达到确定被告人刑事责任且依据法律给予刑事制裁目的的一种诉讼活动。起诉属于刑事诉讼中的一个至关重要的程序。从我国刑事诉讼法中可以看到，刑事起诉可以划分成两种类型，一种是自诉，一种是公诉。其中，自诉是指刑事被害人以及法定代理人、近亲属等，通过个人的名义对法院发起诉讼，要求切实保障被害人的正当权益，同时追究被告人刑事责任的一种诉讼活动。所谓公诉则讲的是依法享有刑事起诉权的国家部门通过国家的名义对法院发起诉讼，同时要求法院通过审讯来判定被告人确实存在被指控的罪行且依法给予相应的刑事制裁的一种诉讼活动。

2. 提起公诉的程序

（1）审查起诉。所谓审查起诉则指人民检察院在提起公诉过程中，为了明确针对那些经过侦查终结的刑事案件究竟是否需要提起公诉，而针对侦查部门所证实的犯罪事实、证据、犯罪性质以及罪名给予审核调查，同时做出处理举措的一种诉讼活动。该活动成为完成人民检察院公诉职责的一项必要的工作，同时成为人民检察院针对侦查活动给予法律监督的一个十分重要的手段。因此，审查起诉对确保人民检察院科学合理地提起公诉，发现以及纠正侦查环节中的违法、违规行为起着十分重要的作用。

（2）提起公诉。人民检察院认为由于涉嫌犯罪而遭到刑事追诉的人的犯罪事实已经查明，证据既确凿又充分，依据法律应当对其追究刑事责任的，需要做出起诉决定，遵循审判管辖的相关规定，对人民法院提起公诉，同时把案件材料连同证据一起移送至人民法院。该规定包含以下两个方面的内容。

①提起公诉应向同级人民法院提出。人民检察院在做出起诉决定的时候，必须遵循审判管辖的相关规定，向同一级别的人民法院提出，不得超越级别提起公诉。人民检察院审判处理那些不在同一级别的人

民法院管辖范围之内的案件，需要分具体情况报告并送交上一级别的人民检察院或移送至对应的下一级别的人民检察院，通过它对其同一级别的人民法院提起公诉。例如，当县（市、区）人民检察院在审判处理一些在中级人民法院管辖范围内的案件时，需要报告、送交地市级人民检察院审核、调查决定之后，再通过它对其同一级别的中级人民法院提起公诉。如果地市级人民检察院审判处理在县级人民法院管辖范围内的案件时，那么需要移送至相应的县（市、区）人民检察院，通过它对其同一级别的县（市、区）人民法院提起公诉。

②适用简易程序案件的移送。所谓简易程序则指基层人民法院审判、处理一部分案件事实明确、情节比较简单、被告人承认自己罪行的刑事案件所适用的同普通程序相比相对简化的第一审程序。刑事诉讼法规定，在基层人民法院管辖范围内的案件，符合下列三个条件的，可以采取简易程序进行审判处理：第一，案件事实明确、证据确凿充分的；第二，被告人承认自己确实犯下罪行，针对所指控的犯罪事实不持有异议的；第三，被告人对于所适用的简易程序不持有异议的。人民检察院在对人民法院提起公诉时，可以对人民法院提出建议，建议其采用简易程序。

但有下列四种情形之一的，不适合采用简易程序：其一，被告人是盲人、聋人、哑人，或者是还没有完全丧失辨认能力或支配自己行为能力的那些精神病患者；其二，在社会上引起重大影响的；其三，共同犯罪案件中一些被告人拒不认罪或对所采用的简易程序存在异议的；其四，其他不适合采用简易程序审判处理的。

（3）不起诉。所谓不起诉则指人民检察院对公安部门侦查终结转送刑事起诉的案件或针对自己做出侦查终结的案件，经过审核、调查之后，认为因涉嫌犯罪而遭到刑事追诉的人具备我国刑事诉讼法规定的不予以追究刑事责任的情形，或涉嫌犯罪而遭到刑事追诉的人犯罪情节非常轻微、依据法律规定并不需要判处刑罚或免去、消除刑罚，或在经过两次补充侦查之后还没有达到起诉条件，或针对未成年人涉嫌侵犯他人的人身权利、民主权利，侵犯他人的财产，对社会管理秩序造成影响的犯罪，可能对其判处 1 年以下徒刑刑罚，虽然符合起诉条件，鉴于其悔罪表现的，而做出的并不把该案件转移至人民法院进行审判、处理的决定。不起诉属于人民检察院审核、调查案件的其中一个结果，依法具备终止诉讼的法律效力。

起诉决定属于对案件审判、处理的其中一种结果。人民检察院针对涉嫌犯罪而遭到刑事追诉的人所做出的不起诉决定同样属于对案件审判、处理的其中一种结果,所以它是一项有着严格规定的工作。人民检察院一旦做出不起诉决定,就具备法律效力。为了促使人民检察院做出的不起诉决定具有法律依据且适用法律准确,及时和纠正可能出现的差错,我国刑事诉讼法针对不起诉的诉讼程序给予了很多规定,其具体内容如下。

①制作不起诉决定书。对于那些不起诉的案件,人民检察院均需要制作不起诉决定书,该决定书成为人民检察院以国家的名义,确认不对涉嫌犯罪而遭到刑事追诉的人追究刑事责任的一种决定性法律文书,该法律文书一经制作就具备法律效力。

②不起诉决定书的宣布和送达。从刑事诉讼法中可以看到,不起诉的决定书需要公开宣布,不仅如此还需要把不起诉决定书分别送至以下部门和人员:第一,被不起诉人和他的所处单位。被不起诉人在羁押的,需要给予立即释放;第二,对于公安部门转移至起诉的案件,需要把不起诉决定书转移至公安部门;对于有被害人的案件,则需要把不起诉决定书转移至被害人。

③解除扣押、冻结。从刑事诉讼法中可以看到:人民检察院做出不起诉决定的案件,需要同时对侦查过程中所查封、扣留以及冻结的财产、物品取消查封、扣留以及冻结。人民检察院在对某个案件做出不起诉决定之后,就表示终止了刑事诉讼,需要同时对侦查过程中所查封、扣留、冻结的财产、物品解除查封、扣留以及冻结。对于公安部门做出的查封、扣留,以及冻结,人民检察院需要通过口头或书面形式告知相应的公安部门或执行公安部门查封、扣留以及冻结决定的部门取消查封、扣押以及冻结。

④移送有关主管机关处理。对被不起诉人有必要予以行政处罚、行政处分或有必要没收违法违规所得的,人民检察院则需要提出检察建议,同时转移至相关主管部门予以处理。相关主管部门需要把判决、处理的结果在第一时间通知人民检察院。

⑤对公安机关的意见进行复议、复核。对于公安部门转移起诉的案件,人民检察院做出不起诉决定的,需要把制作的不起诉决定书传送至公安部门。公安部门如果认为人民检察院所做出的不起诉决定违法,那么可以进行复议,人民检察院审查起诉部门,需要另外指派一些检察官

给予审核、调查同时提出审核、调查的意见,经过审核、调查起诉部门负责人审核之后,上报请示检察长抑或是检察委员会做出决定。人民检察院需要在接收到要求复议意见书之后的 30 天之内复议决定,然后将复议决定通知公安部门。公安部门认为复议决定存在错误的,同样能够向上一级别的人民检察院提出复核申请,上一级别的人民检察院在接收到公安部门发送的复核申请的意见书之后,需要移交至审核、调查起诉部门予以处理。审核、调查起诉部门需要指定检察官进行审核、调查,同时给予审核、调查的意见和结果,经过审核、调查部门相关负责人审核之后,上报请示检察长或检察委员会做出决定。上一级别的人民检察院需要在接收到提请复核意见书之后的 30 天之内给出复核决定的结果。通知下一级别的人民检察院和公安部门。更改下一级别人民检察院所做出的决定的,需要撤销下一级别的人民检察院所做出的不起诉决定,同时要移交至下一级别的人民检察院执行。

⑥对被害人、被不起诉人的申诉进行复查。根据刑事诉讼法的规定,对于有被害人的案件,如果决定不起诉的,那么人民检察院需要把不起诉决定书传送至被害人。如果被害人不同意该决定的,则应该在接收到不起诉决定书之后的 7 天之内对人民检察院发起申诉。人民检察院需要给予复查决定,不仅要通知被不起诉的人,还要抄送公安部门。被害人如果向上级别人民检察院提出申诉的,需要上一级别的人民检察院审核、调查起诉部门办理,上一级别的人民检察院在做出复查决定之后,需要转送至被害人和做出不起诉决定的下一级别的人民检察院。如果上一级别的人民检察院经通过复查做出起诉决定的,那么需要撤销下一级别的人民检察院所做出的不起诉决定,然后移交至下一级别的人民检察院提起公诉,同时把复查决定抄送并转移至审查起诉的公安部门。被不起诉人如果在申诉期限内对人民检察院发起申诉的,则需要人民检察院中的相关控告申诉部门予以办理,控告申诉部门经过复查之后提出复查意见,如果在其看来应该保持原来的不起诉决定的,那么上报申请检察长对其做出复查决定;如果认为需要取消不起诉决定、发起公诉的,那么上报申请检察委员会对其做出复查决定。所做出的复查决定书需要移送至被不起诉人,抄送传送至起诉地公安部门。而人民检察院在做出取消不起诉决定、发起公诉的复查决定之后,需要把案件转交至刑事检察部门提起公诉。

刑事诉讼法还规定:如果人民检察院坚持不起诉决定,那么被害人可以依法对人民检察院发起诉讼。而人民法院在审判、处理案件之后，人民检察院需要把相关案件资料传送至人民法院。遵循这项规定，人民检察院在接收到人民法院审判、处理犯罪对象起诉的通知书之后，人民检察院需要终止复查，同时把诉讼文书和相关的证据资料传送至人民法院。该规定不仅对犯罪对象的正当权益给予了大力保护，而且健全了对人民检察院不起诉决定这一制约制度。

3. 自诉案件的范围与提起自诉的程序

（1）自诉案件的范围。自诉案件主要包含以下几个类型：第一，告诉才处理的案件；第二，犯罪对象持有证据证明的那些轻微刑事案件；第三，犯罪对象持有证据证明针对被告人对其人身权利、财产权利遭到侵犯的行为应当依据法律规定追究刑事责任，而公安部门或人民检察院对被告人不予追究其刑事责任的案件。

（2）提起自诉的程序。自诉人需要向人民法院呈交刑事自诉状。如果提起附带民事诉讼的，还需要呈交刑事附带民事自诉状。如果自诉人书写自诉状的确存在困难的，可以通过口头告知，通过人民法院工作者用笔记录下来，然后向自诉人宣读，在自诉人看来没有错误后，应当签上自己的名字或者盖章。

（四）刑事审判

刑事审判属于继立案、侦查、起诉之后的另一个十分重要的刑事诉讼程序。同立案、侦查、起诉有所不同的是，审判程序反映出典型的三方构造，也就是控、辩、裁三方依据特定的规则一起参与，同时形成了裁判结局。刑事审判需要致力于审判公平、公正，同时统筹兼顾整个社会秩序的维护、当事人正当权益的维护以及刑事诉讼效率等诸多目标。

第四节　仲裁法基本理论

运用居中裁断(仲裁)的方式解决民商纠纷,是人类的天性。随着仲裁的制度化与法律化,虽然其对抗性越来越强,但不可否认的是,仲裁制度较好地平衡了第三人解决争议的理性与当事人的自主性,将私力救济与公力救济完美地结合起来。

一、仲裁的概念

人类相互之间有交往,就会不可避免地产生纠纷,并随之产生各种化解纠纷的办法。近代以来,在各种解决纠纷的法律中,仲裁脱颖而出,在商事领域,尤其受到各国政府及商人的青睐。

仲裁就是指纠纷当事人在自愿的基础上达成协议,将纠纷提交非司法机构的第三者审理,第三者就纠纷居中评判是非,并作出对争议各方均有约束力的裁决的一种解决纠纷的制度、方法或方式。但需要指出的是,除民商事领域外,仲裁还广泛地应用于其他方面,如劳动争议仲裁、人事争议仲裁、体育仲裁等。在国际关系中,仲裁亦是和平解决国际争端的重要法律手段之一。

二、仲裁责任

仲裁责任是指仲裁员或仲裁机构在仲裁过程中出现与仲裁案件有关的故意或过失的作为或不作为所导致仲裁当事人的损害而应承担的法律责任。在临时仲裁的情况下,仲裁员以个人名义主持仲裁,此时不可能涉及仲裁机构的责任;但在机构仲裁的情况下,仲裁员往往以某个常设仲裁机构的名义履行仲裁员职责,此时就可能需要考察仲裁机构是否应当对仲裁不当导致的当事人损害负责。不过,关于仲裁责任的理论研究和法律制度主要还是集中于仲裁员责任问题上,在此亦主要探讨仲裁员责任。

仲裁员是在仲裁案件中主持仲裁程序并对争议事实和权利义务关系作出判断和仲裁裁决的人,对于仲裁案件进程和裁决结果起着决定性作用。当事人选定仲裁员处理其争议往往基于对仲裁员专业知识和道德素养的信赖,如果仲裁员行为不端或者有过失行为,就有可能影响裁决的公正性,或侵犯他人的合法权益。在仲裁实践中,存在许多不合理的现象可能导致仲裁当事人的损害。比如,有的仲裁员不遵守仲裁员道德准则,在办案过程中不能公正处事,违反中立原则,甚至不惜违背诚信原则,以破坏回避制度为代价,破坏仲裁自律机制,从而降低了仲裁的公信力。有的仲裁员违反仲裁员"适当注意"义务,在无法付出当事人合理期望的时间和精力的情况下盲目接受委任或指定,客观上造成仲裁程序的迟延。有的仲裁员为了某种目的而拖延仲裁程序,违背当事人通过仲裁善意维权的初衷和"仲裁高效经济"的原则。所有这些问题,都与仲裁员的责任有关。

从广义上来说,仲裁员责任应当包括两种形式,即道德责任和法律责任。道德责任的建设,只能依靠对仲裁员的道德准则、行为规范进行明确界定并使其广为人知,提高社会对仲裁的认知和信任程度,同时提高仲裁员自身素质。狭义上的仲裁员责任即仲裁员的法律责任,也是本章讨论的核心。如何认定仲裁员行为的性质,仲裁员是否要承担法律责任,是否享有责任豁免权,这些不仅是理论问题,更是事关仲裁当事人利益和仲裁制度得以存在与发展的重要实践问题。这方面的学者理论研究观点各异,与此相对应,不同国家对仲裁员法律地位有不同认识,导致其立法和司法实践也不尽相同。

三、仲裁程序

仲裁程序按照先后顺序,依次分为当事人申请仲裁、仲裁机构(包括一般意义上的仲裁机构和仲裁庭)受理仲裁案件、答辩和反请求、指定仲裁员和组成仲裁庭、庭前准备活动(预备庭、庭前会议或证据交换等)、开庭、作出裁决等步骤。而每一个程序环节又可进一步划分为若干环节,比如开庭包括仲裁员庭前合议、宣布开庭、当事人陈述、质证、辩论、调解等若干程序环节等。在仲裁程序中,还涉及送达、代理、仲裁语言等重要程序问题,有时也会涉及管辖权抗辩和决定、临时保全措施、仲裁庭调解、调查取证等问题。

对于一个仲裁案件,不管是临时仲裁还是机构仲裁,也不管是国际还是国内机构受理,基本上都具备上述各个程序环节,而且大同小异。所以,本部分内容将主要阐述中国国际经济贸易仲裁委员会受理的仲裁案件的各个程序环节。

(一)仲裁程序的启动

我国仲裁法第二十一条规定,当事人申请仲裁,应当符合三个条件,即有仲裁协议,有具体的仲裁请求和事实、理由,而且属于仲裁委员会的受理范围。根据仲裁法第二十二条的规定,当事人申请仲裁,应当向仲裁委员会递交仲裁协议、仲裁申请书及副本。贸仲委 2005 年《仲裁规则》还要求当事人申请仲裁时,应提交请求所依据的事实的证明文件,并按照仲裁费用表的规定缴纳仲裁费。

仲裁法第二十四条规定,仲裁委员会收到仲裁申请书之日起五日内,认为符合受理条件的,应当受理,并通知当事人;认为不符合受理条件的,应当书面通知当事人不予受理,并说明理由。

所谓“受理条件”,实际上即为仲裁法第二十一条设定的三个条件。实践中,经常出现仲裁协议是否存在的问题。在贸仲委北京总会,由秘书局立案咨询处负责审查申请材料。立案咨询处经过审查,认为申请人的材料与要求不符但可以更正的,会要求申请人更正其材料。如果立案咨询处经过审查认为贸仲委对案件没有管辖权,会通知申请人贸仲委不能受理案件。仲裁协议存在缺陷,但申请人仍要求贸仲委受理案件的,贸仲委会有条件地受理案件,即要求申请人签署一份声明,表明其知晓仲裁协议的缺陷并要求进行仲裁,且将承担因该缺陷产生的一切责任。

如果立案咨询处认为申请人提交的材料与要求相符,则通知申请人贸仲委拟受理该案,并要求申请人向贸仲委预缴仲裁费。在申请人预缴仲裁费后,申请人申请仲裁的手续即已完备。贸仲委指定一名工作人员,通常是办案处的工作人员,作为该案件的“经办人”(或称“办案秘书”),主要职责是协助仲裁庭负责仲裁案件的程序管理工作。

经办人将同时向双方当事人发出仲裁通知,并同时附具仲裁规则和仲裁员名册,发给被申请人的仲裁通知还应附具申请人的仲裁申请书副本。仲裁通知作为贸仲委受理案件的通知应按照我国仲裁法第二十四条的规定在5日内发出。在实践中,5日的期限自仲裁申请的所有手续完备之日(通常是预缴仲裁费之日)起计算。

向申请人和被申请人发出的仲裁通知内容是相似的,但由于双方地位不同,仲裁通知的内容也并不完全相同。仲裁通知包括如下基本内容:(1)贸仲委已受理该案之事实,以及受理该案的基础(通常包括合同和仲裁条款)。(2)案件的正式案号。(3)案件适用的仲裁规则。(4)适用普通程序或是简易程序。(5)案件是国内案件还是涉外案件。(6)当事人选定仲裁员的权利、期限,以及共同选定首席或独任仲裁员的方式。(7)被申请人提交答辩书和反请求的期限。(8)经办人的姓名及联系方式。(9)当事人变更地址时及时通知贸仲委的要求等。

(二)答辩和反请求

仲裁程序中,当事人通过如下书面文件提出其主张:申请人的仲裁申请书、被申请人的答辩书、被申请人的反请求书、申请人对反请求的答辩书、对请求或反请求的补充等。我国仲裁法第二十五条对被申请人提交答辩书的权利作了规定,该法第二十七条对申请人放弃或变更其仲裁请求的权利,以及被申请人承认或者反驳仲裁请求的权利及提起反请求的权利作了规定。

(三)代理人

本节所提及的“代理”不是一般意义上的代理,而是仲裁程序中的代理。仲裁作为一种准司法程序,专业性非常强,对于从事商事活动的当事人来讲,虽然可能对仲裁和争议所涉及的实体法律领域有一定的知识,但却不是专家,很难从专业角度全面参与仲裁程序并维护自己的权益,而聘请律师作为仲裁代理人则能达到这一目的。此外,当事人有时也会授权律师外的其他人员担任自己的仲裁代理人。所谓仲裁代理人,就是依据法律的规定或者当事人的授权,在仲裁程序中为当事人的利益进行仲裁活动的人。在仲裁代理中,代理人代理当事人进行仲裁活动的权限称为仲裁代理权。仲裁代理人以委托人的名义参与仲裁程序,其代理行为的法律后果由委托人承担。

在国际商事仲裁中，聘请律师作为己方的代理人参与仲裁程序的情况是很常见的。在我国，随着当事人参加商事活动的法律意识逐步增强，委托律师作为自己的仲裁代理人也日渐普及。

我国仲裁法第二十九条明确规定："当事人、法定代理人可以委托律师和其他代理人进行仲裁活动。委托律师和其他代理人进行仲裁活动的，应当向仲裁委员会提交授权委托书。"

（四）审理方式

1. 仲裁庭开庭审理

仲裁庭确定开庭审理的方式规定下述两项基本原则。

（1）当事人自治。当事人享有高度的自治权是仲裁中的重要原则。进行仲裁本身是当事人协议选择的结果，所以，当事人也可以在很大程度上设计仲裁程序如何进行。因此，仲裁庭可以按照其认为适当的方式审理案件，除非当事人另有约定。当事人另有约定时，则仲裁庭应尊重当事人的约定，除非当事人的约定违反仲裁程序法的强制性规定。

（2）平等对待当事人。商事仲裁中另一个重要原则就是平等对待当事人，各国立法和国际公约中都有关于这一原则的规定。我国仲裁法中虽无直接规定，但"平等主体"之规定和关于仲裁应"公平合理地解决纠纷"之规定，都包括了平等对待当事人的意思。

2. 书面审理

审理案件有两种方式，开庭审理或者书面审理。根据我国仲裁法第三十九条的规定："仲裁应当开庭进行。当事人协议不开庭的，仲裁庭可以根据仲裁申请书、答辩书以及其他材料作出裁决。"

3. 询问式或辩论式

我国是大陆法系国家，因而我国的法院在审理案件时一律采用询问式。受传统司法系统的影响，我国的仲裁机构在进行仲裁程序时都采用询问式。

国际上，大多数国际仲裁机构的规则都赋予了当事人选择仲裁的方式，即选择询问式或辩论式的自主权，并允许仲裁庭在当事人没有选定仲裁方式时自主决定。

采取询问式时，仲裁庭在庭审中扮演着十分重要的角色，对证据、证言进行审查和辩论的时间比在辩论式下所用的时间要少。仲裁庭可以主动向双方当事人发问，审查证据、询问证人，在其认为必要的情况下可以进行调查和收集证据。而采取辩论式时，双方当事人及其代理人决定着庭审的方向和内容，通常采用证据发现和交叉询问的方法进行仲裁程序，仲裁庭在庭审中处于相对消极的地位。

仲裁庭在决定采用询问式还是辩论式审理案件时所考虑的“案件的具体情况”是什么呢？可以确定的是，在界定案件的情况时至少要考虑当事人的国籍、仲裁员的国籍以及仲裁地。例如，在某一案件中，一方当事人来自新加坡，另一方当事人来自美国纽约，双方分别指定了其本国国籍的仲裁员，这时，即使仲裁地点是在我国，仲裁庭也很有可能会采用辩论式。如果仲裁协议约定在新加坡等普通法系国家或地区由贸仲委进行仲裁，那么贸仲委的仲裁庭也可能会选择辩论式以避免其审理方式与仲裁程序法之间潜在的冲突。此外，仲裁庭可以采取混合式的方式，即综合询问式和辩论式。例如，仲裁庭可以采用在庭前阶段进行调查的方法，以便更有效地确定所争议的事实和法律问题，庭审时也可向双方当事人提问以缩短询问和交叉询问的时间。混合式审理在降低成本和提高效率方面很有效果。

（五）开庭审理

开庭审理（也称仲裁庭进行“听审”），是指在仲裁庭的主持下，双方当事人或其仲裁代理人出庭就案件的有关事实情况进行口头陈述，对法律问题进行口头辩论，接受仲裁庭的调查和询问，与对方当事人进行质证等一系列庭审活动。开庭审理是仲裁活动的实质阶段，对于仲裁庭查清事实、分清责任和公正裁决具有重要的意义。实践中，绝大多数案件都将进行开庭审理。

（六）证据

证据是认定案件事实的依据。在国际商事仲裁中，一般认为，仲裁庭有权确定审理该案件适用的证据规则。如《联合国国际商事仲裁示范法》第十九条“程序规则的确定”中规定，仲裁庭可以按照其认为适当的方式进行仲裁。这里所说的“程序规则”应该包括证据规则。在大多数情况下，仲裁庭会参照仲裁的所在国的民事诉讼中适用的证据方面的法律规范来开展仲裁程序。但考虑到仲裁的民间性质和当事人意思高度自治之特性，仲裁庭往往会采取与民事诉讼相比较为自由、宽松的证据规则。

我国仲裁法和机构仲裁规则中关于证据只是作出了有限的、原则性的规定。与之相对应的是民事诉讼法及最高人民法院《关于适用〈中华人民共和国民事诉讼法〉若干问题的意见》中关于证据的详细性规定。最高人民法院《关于民事诉讼证据的若干规定》更是为法院审理民事诉讼案件制定了甚为详细的规则。所以，在仲裁法和机构仲裁规则没有相应规定作为依据的情况下，仲裁庭一般会依照民事诉讼的证据法律规范和司法解释的规定行事。当然，与其他国家的情况相似，我国的仲裁员在审理案件时所采取的证据规则也会与我国民事诉讼中的证据规则有所不同。例如，民事诉讼中，涉外民事诉讼证据在境外产生时，该证据须经过外国公证机关公证和中国驻该国使领馆认证，外文证据应译为中文。但在贸仲委涉外仲裁程序中，则不作这样的强制性要求，因为涉外仲裁的国家性质决定了仲裁员有足够的外文水平和鉴别涉外证据的能力。

（七）撤回申请和撤销案件

如果申请人的仲裁申请包括多项请求，而其要求撤回其中一项，那么剩余的请求仍然存在，仲裁庭仍须进行审理并作出裁决。然而，除被申请人已提出反请求的情况之外，申请人提出撤回其全部仲裁请求也就是申请撤销案件，在此情况下，仲裁庭没有必要继续进行仲裁程序。

申请人申请撤回全部仲裁请求或撤案的原因可能有如下几种：（1）双方当事人已经达成和解协议。（2）被申请人已破产，申请人即使胜诉也无法得到有关赔偿。（3）申请人根据案件审理情况，觉得胜诉无望。

当事人撤回全部仲裁请求或反请求时，贸仲委会退回一部分仲裁费。而且，当事人越早撤回，贸仲委收取的费用就越少，如果一方当事人在组成仲裁庭之前撤回其全部仲裁请求，贸仲委将只收取很少数额的管理费；如果在组庭之后撤回，那么就会根据仲裁庭为案件花费的时间，收取较多的费用。

（八）送达

送达是向双方当事人送交法律文书的程序。对于包括仲裁程序在内的法律程序而言，送达关系到当事人能否及时获得通知以参与仲裁程序的问题。仲裁程序要求仲裁员在通知当事人并给予其抗辩机会的情况下，对涉及其权利的事项作出决定。因此，送达程序是仲裁和诉讼中的一个非常重要的环节。在仲裁程序中，无效送达会导致当事人未收到关于仲裁程序的通知，从而没有机会发表答辩意见，因而是仲裁程序中严重的程序性缺陷，足以导致法院撤销裁决或不予执行裁决。

参考文献

[1][英]G. D. 詹姆斯著 . 法律原理 [M]. 关贵森，等译 . 北京：中国金融出版社，1990.

[2] 陈伯礼，潘丽霞，徐信贵 . 行政法与行政诉讼法 [M]. 武汉：武汉大学出版社，2011.

[3] 陈卫东 . 刑事诉讼法 [M]. 武汉：武汉大学出版社，2010.

[4] 邓晓静，陈咏梅 . 法律文书写作教程 [M]. 武汉：武汉大学出版社，2009.

[5] 方世荣，章新生，严谢毛 . 行政法律知识 [M]. 长沙：湖南人民出版社，1986.

[6] 顾克广，率蕴铤 . 法律文书格式及实例选编 [M]. 北京：中国政法大学出版社，2013.

[7] 韩文强 . 婚姻家庭法学 [M]. 北京：北京工业大学出版社，2014.

[8] 韩艳 . 民事诉讼法原理与实务（第 2 版）[M]. 北京：中国政法大学出版社，2021.

[9] 黄全 . 行政行为效力制度研究——以行政程序法的制定为视角 [M]. 北京：中国政法大学出版社，2021.

[10] 霍中文，刘慧 . 法律基础 [M]. 上海：立信会计出版社，2004.

[11] 姜明安 . 行政诉讼法 [M]. 北京：法律出版社，2007.

[12] 李广辉，王瀚 . 仲裁法 [M]. 北京：对外经济贸易大学出版社，2011.

[13] 李玲，蒙瑞华 . 实用法律基础 [M]. 北京：北京理工大学出版社，2011.

[14] 廖明铨 . 简明法律原理 [M]. 成都：四川人民出版社，1991.

[15] 刘波 . 法律文书写作 [M]. 广州：中山大学出版社，2000.

[16] 刘汉民 . 现代法律文书写作 [M]. 广州：中山大学出版社，2002.

[17] 孙利 . 行政法与行政诉讼法 [M]. 北京：对外经济贸易大学出版社，2008.

[18] 刘淑媛 . 婚姻家庭继承法新论 [M]. 银川：宁夏人民教育出版社，2010.

[19] 刘志军 . 法律文书写作教程 [M]. 北京：对外经济贸易大学出版社，2013.

[20] 潘庆云 . 法律文书 [M]. 北京：中国政法大学出版社，2002.

[21] 彭诚信 . 继承法 [M]. 长春：吉林大学出版社，2000.

[22] 彭卫东 . 正当防卫论 [M]. 武汉：武汉大学出版社，2001.

[23] 史浩明 . 中国民事法律制度继承与创新 [M]. 北京：人民法院出版社，2006.

[24] 宋连斌 . 仲裁法 [M]. 武汉：武汉大学出版社，2010.

[25] 宋世杰 . 刑事诉讼法 [M]. 长沙：湖南大学出版社，2001.

[26] 孙利 . 刑事诉讼法学 [M]. 北京：对外经济贸易大学出版社，2006.

[27] 王岚飞，胡斌，韩晓林 . 法律基础 [M]. 北京：中国传媒大学出版社，2008.

[28] 王磊 . 实用法律文书教程 [M]. 济南：山东大学出版社，2003.

[29] 王志胜 . 实用法律文书 [M]. 海口：南海出版公司，2003.

[30] 吴蕾 . 经济法基本问题研究 [M]. 长春：吉林大学出版社，2022.

[31] 吴明童，吴俐，韩红俊 . 民事诉讼法 [M]. 北京：法律出版社，2006.

[32] 吴小英 . 民事诉讼法 [M]. 武汉：武汉大学出版社，2009.

[33] 肖春竹，闵敢 . 民法基础与民事法律关系分析 [M]. 武汉：华中科技大学出版社，2010.

[34] 徐运全 . 公民法律基础知识 [M]. 呼和浩特：内蒙古人民出版社，2016.

[35] 杨兢，刘英俊 . 仲裁法理论与实务教程 [M]. 厦门：厦门大学出版社，2019.

[36] 杨凯 . 法律规范结构论 [M]. 北京：群众出版社，2007.

[37] 杨临宏 . 行政诉讼法：原理与制度 [M]. 昆明：云南大学出版社，2011.

[38] 杨遂全，何霞，等．亲属与继承法论[M]. 成都：四川大学出版社，2005.

[39] 杨永华．法律基础[M]. 上海：同济大学出版社，2005.

[40] 姚建涛．刑事诉讼法理论与实务[M]. 武汉：武汉大学出版社，2020.

[41] 易延友．刑事诉讼法[M]. 北京：法律出版社，2003.

[42] 于华江．民事诉讼法[M]. 北京：中国农业出版社，2005.

[43] 张冬．仲裁法教程[M]. 北京：对外经济贸易大学出版社，2007.

[44] 张弘，李涛．实用法律大全[M]. 呼和浩特：远方出版社，2004.

[45] 张鸣芳，徐康平．常用法律文书写作[M]. 北京：民主与建设出版社，2009.

[46] 张树义，罗智敏．行政诉讼法学（第 3 版）[M]. 北京：中国政法大学出版社，2021.

[47] 张卫平．民事诉讼法[M]. 北京：法律出版社，2004.

[48] 赵德刚．刑法[M]. 武汉：武汉大学出版社，2011.

[49] 赵德勇．婚姻家庭法新论[M]. 北京：中国政法大学出版社，2014.

[50] 钟兰安等．快速读懂民法典[M]. 北京：中国民主法制出版社，2021.

[51] 卓冬青．婚姻家庭继承法[M]. 武汉：武汉大学出版社，2012.

[52] 白云锋．论行政法的内外部双层结构体系[J]. 甘肃政法大学学报，2023（01）：89-102.

[53] 蔡长春．推动民法典走到群众身边走进群众心里[N]. 法治日报，2023-06-06（001）.

[54] 曾舒珩．大数据时代的经济法理念变革与规制创新探究[J]. 中国商论，2023（06）：129-131.

[55] 曾粤兴．刑事诉讼法立法模式选择[J]. 河南警察学院学报，2022（06）：73-79.

[56] 陈秋玲．法律文书写作技巧探讨[J]. 产业与科技论坛，2022（16）：31-32.

[57] 邓洁．经济刑法扩张的问题与纠偏[J]. 江西社会科学，2023（03）：150-159.

[58] 董坤．刑事诉讼法用语的同一性与相对性[J]. 法学评论，2023，

（01）：119–129.

[59] 范泽仙 .《民法典》的法治创新及当代价值体现 [J]. 法制博览，2023（17）：24–26.

[60] 付盾，张义清 . 检察语境下法律监督的范畴阐释与功能展开 [J]. 社会科学家，2023（03）：100–106.

[61] 郭泽强 . 刑法行为人主义的辨析及其价值 [J]. 现代法学，2023（03）：170–184.

[62] 侯玮 . 论民法典的历史沿革及亮点 [J]. 西部学刊，2023（10）：92–95.

[63] 黄辉，余诗雨 . 反思与回应：中国行政法法典化的路径探析 [J]. 法治论坛，2022（03）：202–212.

[64] 黄静静 . 刑法与刑事诉讼法的交互作用探析 [J]. 法制博览，2023（06）：53–55.

[65] 黄先雄 . 论"行政法上权利义务内容"的识别及其对协议性质的影响 [J]. 清华法学，2023（03）：21–38.

[66] 黄宇骁 . 行政法上权利观念的对立及其消解 [J]. 中国法学，2023（03）：162–181.

[67] 黄云 . 网络隐私权及其行政法保护分析 [J]. 中阿科技论坛（中英文），2023（04）：146–150.

[68] 霍俊阁 . 行政违法刑事化与概念归入、刑法适用 [J]. 新疆社会科学，2023（02）：115–123.

[69] 姬亚平，韩小亚 . 行政法法典热的冷思考 [J]. 山西警察学院学报，2023（01）：25–30.

[70] 贾云静 . 刑事诉讼法中的参照适用 [J]. 西部法学评论，2023（02）：105–119.

[71] 姜涛 . 现代刑法的立法转型与再法典化 [J]. 中国刑事法杂志，2023（02）：20–36.

[72] 李敏，杜鹏程 . 我国经济法研究演进与前沿的可视化分析 [J]. 池州学院学报，2023（01）：13–15.

[73] 李亚南 . 大数据时代个人信息的行政法保护研究 [D]. 河北经贸大学，2023.

[74] 林华杰 .《刑事诉讼法》中被害人的权利保护 [J]. 法制博览，2023（08）：64–66.

[75] 刘艳红．我国刑法的再法典化：模式选择与方案改革 [J]. 法制与社会发展，2023（03）：60-80.

[76] 孟睿偲，芸旺．《民法典》可容纳非人役性居住权 [J]. 新疆社会科学，2023（03）：84-93+151.

[77] 莫于川．发展全过程人民民主与民主行政法理论探索 [J]. 荆楚法学，2023（03）：4-20.

[78] 任瑞兴．论法律的安全价值生成逻辑 [J]. 河南大学学报（社会科学版），2023（03）：30-35+153.

[79] 沈晓琛．美好生活 民法典相伴 [N]. 青海法治报，2023-05-29（003）.

[80] 时延安．中国刑法的宪法根据及其约束力 [J]. 中国刑事法杂志，2023（02）：3-19.

[81] 宋洁．法律文书写作要求浅析 [J]. 山西警察学院学报，2022（02）：126-128.

[82] 孙睿．大数据时代下经济法的完善与发展 [J]. 法制博览，2023（17）：36-38.

[83] 田杜国．刑法解释客观性的界定与实现 [J]. 四川警察学院学报，2023（02）：1-8.

[84] 王全兴．《民法典》背景下劳动法与民法的关系 [J]. 中国法学，2023（03）：25-45.

[85] 王申．良知作为法律人的世界观和实践方法论的意蕴 [J]. 法商研究，2023（03）：100-114.

[86] 王亚萍，王海晶．共同富裕观的经济法法理提炼 [J]. 兰州财经大学学报，2023（01）：29-37.

[87] 王迎龙．刑事诉讼中的"有权获得法律帮助" [J]. 暨南学报（哲学社会科学版），2023（03）：87-98.

[88] 王煜宇．中国古代经济法溯源 [J]. 西南大学学报（社会科学版），2023（02）：253-264.

[89] 魏斌．论新一代法律智能系统的融合性道路 [J]. 法学论坛，2023（03）：15-26.

[90] 魏亚萍．法律原则在司法裁判中的运用 [J]. 法制博览，2023（12）：160-162.

[91] 席颖．公共空间隐私权保护的行政法完善路径 [J]. 法制博览，

2023（16）：56–58.

[92] 肖琪畅 . 法律文书写作需要“三心”[J]. 秘书之友，2021（10）：34–38.

[93] 邢娜 . 经济新常态视角下企业法律风险管理路径探讨 [J]. 法制博览，2023（14）：157–159.

[94] 徐莹 . 法律文书写作中的常见错误评析 [J]. 法制与社会，2020（08）：98–99.

[95] 杨积堂 . 民法典是社会治理现代化的法治基石 [J]. 北京联合大学学报（人文社会科学版），2023（03）：101–108.

[96] 杨文 . 普及民法典 护航新生活 [N]. 山西日报，2023–06–15（002）.

[97] 杨文文，陈兴山 .《民法典》依法治国的重要价值 [J]. 山西省政法管理干部学院学报，2023（02）：40–45.

[98] 于安 . 我国行政法的体系建构和结构调整 [J]. 中国法律评论，2023（01）：80–90.

[99] 余东明，张海燕 . 让民法典融入人民群众生活 [N]. 法治日报，2023–06–06（001）.

[100] 张旦怡 . 个人信息删除权的行政法保护 [D]. 河北经贸大学，2023.

[101] 张守文 . 经济法的立法路径选择 [J]. 现代法学，2023（01）：118–131.

[102] 张守文 . 数字经济发展的经济法理论因应 [J]. 政法论坛，2023（02）：38–47.

[103] 张效升 . 新时代我国网络隐私权行政法保护的优化路径 [J]. 法制博览，2023（17）：45–47.

[104] 张志远 . 司法解释法律效力研究：法源理论、运行困境与完善路径 [J]. 山东法官培训学院学报，2023（02）：165–184.

[105] 郑文祥 . 商业银行不良资产处置的法律防范 [J]. 法制博览，2023（15）：103–105.